ISBN 978-88-942110-5-4

Barbara Miele

ZUCCHERO E PEPERONCINO

La storia vera della rieducazione di un cavallo "difficile"

L'Arca Communication

*"Non aiuto gli uomini che hanno problemi con i cavalli,
ma i cavalli che hanno problemi con l'Essere Umano"
diceva Robert Redford nel film
"L'uomo che sussurrava ai cavalli".*

*Lo scopo di questo libro è proprio quello di dar voce al
cavallo, aiutando chi lo ama appassionatamente
o chi semplicemente lo osserva da lontano con timore
a capirne l'indole, la psicologia, il comportamento.
E' una storia dedicata a tutti coloro che hanno fatto
della passione una professione alla quale dedicarsi
con amore, dedizione e spirito di sacrificio.*

*E' dedicato a quelli che puntano le lancette della sveglia
all'alba per poter dedicare un'ora del proprio tempo
all'inseparabile amico a quattro zampe
prima di andare in ufficio.*

*E' per coloro che rifiutano categoricamente la carne equina
e per tutti quelli che,
al momento dell'acquisto di un nuovo cavallo,
sono consapevoli di assumersi la responsabilità di una vita.*

*Dedico questo libro a tutti quei cavalli che,
non eccezionalmente belli o dotati,
rimangono sconosciuti alle grandi masse,
ma sono per i loro proprietari amici,
compagni di innumerevoli momenti felici, complici.*

*Per quanto anonimi questi Esseri lasciano sempre
un'impronta indelebile in chi sa ascoltare, osservare, capire.
Con l'augurio che Equus possa insegnare a Homo Sapiens
il rispetto, la tolleranza, la fiducia e l'amore...
contribuendo a renderlo un po' meno predatore.*

E Dio prese un soffio di vento del Sud
e vi alitò sopra.
Così creò il cavallo.
(Massima Beduina)

1.

Non dimenticherò mai il giorno in cui lo vidi per la prima volta.

Francesca mi chiamò eccitatissima al telefono per comunicarmi che era appena arrivato e per invitarmi ad andare a casa sua. Voleva farmelo conoscere subito.

Da settimane con gli amici non si parlava d'altro e l'arrivo e l'arrivo del giovane stallone arabo, recente acquisto della mia amica, era ormai vissuto da parte della comunità di cavalieri della regione come l'evento della stagione. Ci eravamo incontrate solo pochi anni prima per caso, io e Francesca, ma mi sembrava di conoscerla da sempre.

La comune passione per i cavalli ci aveva da subito unite al punto che, quando era venuto al mondo il suo primo puledro, ero stata avvisata nel cuore della notte e, ancora assonnata, avevo percorso a tutta velocità e senza esitazione i quindici chilometri di strada che separavano la mia abitazione dalla sua pur di condividere con lei, nella penombra della stalla, l'emozionante momento del parto.

"Allora, vieni a vederlo?" chiese con voce squillante e piena di attesa Francesca dall'altro capo del filo, riportandomi al presente.

Non mi feci pregare.

In fretta e furia mi infilai un paio di jeans sdruciti e sbiaditi dal tempo e saltai sull'utilitaria sgangherata che da anni utilizzavo più per trasportare fieno e mangime che per andare a passeggio.

Con sicurezza mi arrampicai lungo la ripida e tortuosa strada di montagna che portava nella piccola tenuta dove Francesca viveva insieme alla madre, circondata da ogni specie di animali, dai cani, alle galline, alle anatre, ai pavoni, dal gatto all'enorme e coloratissimo pappagallo, dai cavalli al maialino nero del Vietnam che la mamma di Francesca vezzeggiava come se fossero cagnolini.

Adoravo quel luogo in cui, in un allegro disordine, tutti gli inquilini coabitavano pacificamente e nel quale si respirava a pieni polmoni l'odore del bosco e della terra.

Io invece, dopo un'infanzia felice passata in campagna ero ora costretta tra palazzi, cemento e traffico cittadino.

Il mio amore per i cavalli era sbocciato e cresciuto già in tenera età, al punto da farne la mia professione che, in quel periodo esercitavo in un centro Ippico della zona e che mi permetteva di respirare, a piccole boccate, l'aria della natura.

Il diradarsi del bosco mi annunciò che ero in prossimità della mia méta, quando vidi in lontananza, sul ciglio della strada, la sagoma familiare di Francesca che, infagottata in un ampio e informe maglione con decorazioni in stile nordico, attendeva impazientemente il mio arrivo.

La mia amica era troppo eccitata per riuscire a stare ferma e spostava in continuazione il peso del corpo da una gamba all'altra, come un cavallo tenuto legato per troppo tempo.

Al mio arrivo, il più smagliante dei suoi contagiosi sorrisi ed un evidente luccichìo negli occhi scuri mi raccontarono meglio di mille parole la sua gioia per l'importante regalo appena ricevuto, con il quale sua madre aveva voluto festeggiare nel più solenne dei modi il suo ventesimo compleanno e l'ingresso nel mondo degli adulti.

La mamma di Francesca era infatti stata categorica: "Il cavallo te lo regalo io, ma tu dovrai occuparti di lui e provvedere al suo mantenimento" le aveva detto, ben decisa, attraverso il costoso regalo, a responsabilizzare la figlia.

Avevo seguito da vicino tutte le fasi dell'acquisto del nuovo cavallo della mia amica, ma in quel momento mi trovavo lì più per l'amicizia e l'affetto che nutrivo nei suoi confronti che per un reale interesse verso un puledro di una razza che non godeva della mia considerazione.

Abituata com'ero ai massicci e altissimi cavalli da salto ostacoli che regolarmente allenavo e portavo in competizione, non capivo perché Francesca, dopo aver allevato diversi buoni esemplari di saltatori, si fosse orientata, nella scelta di un nuovo cavallo da acquistare, verso un soggetto di razza Araba.

A quell'epoca, abituata com'ero a considerare il cavallo in base ai risultati sportivi ottenuti, non avevo grande stima per quella razza che, si dice, Maometto in persona abbia per primo selezionato.

Erano ai miei occhi indiscutibilmente belli e approvavo gli allevatori che li utilizzavano per migliorare razze equine troppo pesanti o prive di temperamento, ma non avevano a mio giudizio le qualità fisiche e caratteriali necessarie a far di loro dei campioni nelle discipline equestri classiche. Troppo piccoli... e soprattutto, troppo nervosi.

La scelta di Francesca di acquistare un puledro mi lasciava inoltre alquanto perplessa.

Per esperienza sapevo che la doma è una fase delicatissima nella vita di ogni cavallo e che se mal eseguita può recare danni irreversibili al cavallo stesso e pregiudicarne per sempre le prestazioni.

Con uno stallone, in più di razza araba, questa operazione avrebbe dovuto essere eseguita da una persona con un'esperienza che Francesca, amazzone per passione, non possedeva.

L'antica massima "Vecchi cavalli con giovani cavalieri, giovani cavalli con vecchi cavalieri" non avrebbe potuto trovare applicazione migliore.

La mia amica mi aveva però parlato del suo giovane stallone con entusiasmo e fervore tali da accendere in me la curiosità. In quel momento poco importava perciò quali fossero le mie convinzioni personali, Francesca sprizzava gioia da tutti i pori e, vedendola in quello stato di euforia, non potevo fare a meno di essere felice anch'io.

Con passo spedito e sicuro sui gradini instabili la mia amica mi fece strada lungo il sentiero che dalla strada portava, attraverso il osco, ad un ampio spiazzo verde dove sorgeva il paddock.
Il giovane stallone di due anni e mezzo appena arrivato dalla Francia era stato sistemato lì per permettergli di sgranchirsi le zampe dopo le lunghe ore di forzata immobilità del viaggio.
Sotto i nostri piedi le foglie dei castagni cadute in autunno avevano formato un morbido tappeto e dal sottobosco si alzava un pungente ma gradevolissimo odore di terra umida che io respiravo a pieni polmoni.
Man mano che ci avvicinavamo al recinto, e che il bosco si diradava svelando, splendido, il panorama della vallata, riuscivo a scorgere con maggior chiarezza la sagoma del nuovo cavallo di Francesca.
"Oh mio Dio, un baio!" pensai vedendo la figura marrone in lontananza. Era il colore più comune tra i cavalli, il meno appariscente, quello che apprezzavo meno.
"Ma è altresì vero che il colore del mantello è l'ultimo dettaglio da considerare nell'acquisto di un cavallo" riflettei tra me e me, conscia che su un esemplare dalle forme armoniose e dalle proporzioni corrette anche il manto baio può risultare gradevole.

"Ecco il mio piccolo grande cavallo" esordì piena d'orgoglio e con tono solenne Francesca in prossimità del recinto.
"Piccolo sì, ma comunque troppo grande per essere un arabo" pensai io, osservando che l'esemplare che avevamo di fronte racchiudeva in sé poche delle qualità fisiche che caratterizzano il cavallo di questa nobile razza.

"Ti presento Shahzada" continuò Francesca in tono solenne, accompagnando le parole con un accenno di inchino in direzione dell'animale che, senza fretta, avanzava in nostra direzione.
Non riuscii a trattenere il sorriso che, spontaneo, mi saliva alle labbra.
La mia amica, come a voler sottolineare le nobili origini del su nuovo acquisto, mi aveva più volte spiegato che "Shahzada", tradotto dall'arabo significa "Il principe".

Di principesco Shahzada non aveva veramente nulla: né la corporatura, ancora angolosa e poco proporzionata tipica del puledro ancora in crescita, con la groppa più alta rispetto all'avantreno, né l'andatura che, ancora leggermente scoordinata denotava la mancanza di equilibrio tipica di molti giovani cavalli non ancora domati, né tanto meno la testa, troppo grande e pesante rispetto ai canoni della razza e oltretutto cosparsa di piccole verruche che Francesca si affrettò ad assicurarmi sarebbero scomparse da sole.
Né il pelo che, cresciuto lungo e folto durante l'inverno della Loira, aveva permesso a Shahzada di proteggersi dal freddo ma ne aveva mortificato le forme rendendolo più simile ad un piccolo mulo che ad un fiero stallone.
Nel complesso però questo cavallo di taglia mini mi piaceva; forse proprio perché non assomigliava per niente ad un purosangue arabo. Il collo lungo e la spalla ampia o rendevano più cavallo e meno star da esposizione mentre le gambe, dritte, sottili e asciutte ma solide, erano assolutamente perfette e garantivano andature ampie e fluide.
Francesca mi stava raccontando piena di entusiasmo dell'ottima genealogia del suo cavallo che, tra gli avi, vantava numerosi campioni di corsa al galoppo quando Shahzada, incuriosito dalla nostra presenza, si avvicinò allo

steccato che delimitava il recinto e allungò il muso tra i pali fino a potermi sfiorare. Il mio sguardo incrociò il suo e un'ondata di energia mi investì. Fu solo un attimo, una frazione di secondo, ma qualcosa di indefinibile mi costrinse a guardarlo nuovamente dritto negli occhi. Il cavallo che solo fino ad un istante prima avevo giudicato solo poco più che insignificante, e che avevo valutato con occhio strettamente professionale, aveva di colpo catturato la mia attenzione.

Il suo occhio buono e schietto, ma tutto il suo essere emanava un'energia fortissima che mi costrinse a guardarlo ancora, e ancora, e ancora.

Lo sguardo era dolce, ma vi leggevo anche fierezza e un carattere di ferro misti ad una cnsapevolezza che difficilmente un cavallo di quell'età, appena giunto in un ambiente nuovo e ancora sconosciuto, può avere.

Il giovane stallone era finalmente riuscito a catturare la mia attenzione e tutti i miei sensi erano di colpo protesi in sua direzione.

Francesca continuava a raccontarmi delle doti e degli ottimi risultati agonistici dei genitori del piccolo cavallo, ma ormai io non la ascoltavo più.

L'ipnotica vitalità che Shahzada emanava con ogni movimento mi aveva completamente catturata ed ora ero io che cercavo un contatto con lui. E come in una danza il suo muso si avvicinava, per poi ritrarsi, dalla mia mano protesa oltre lo steccato, alla ricerca di un contatto più profondo della carezza che, fino solo ad un istante prima, distrattamente gli avevo concesso.

Le nostre energie si rincorrevano e io, osservando con più attenzione il puledro che mi si parava davanti, capii che lui era attratto da me esattamente come io lo ero da lui. Per la prima volta, e del tutto involontariamente, ero entrata in contatto con un animale che non conoscevo senza nemmeno bisogno di toccarlo.

Ne avevo percepito l'essenza, avevo intuito chi era. Per un breve, ma intensissimo momento eravamo entrati in contatto riconoscendo ognuno l'energia dell'altro. Ci eravamo in qualche modo riconosciuti. Senza bisogno di parole, senza necessità di gesti.

Poi, inevitabilmente la magia sparì. Francesca interruppe il flusso della comunicazione tra me e il suo cavallo, invitandomi a seguirla in casa.

"Rientriamo, dai" mi disse "il sole è tramontato e comincia a fare freddo".

Una volta dentro casa, ormai lontana fisicamente dall'energia che il piccolo stallone baio aveva proiettato su di me, il mio lato razionale riprese il sopravvento.

"Sarà pure simpatico questo cavallino" pensai "ma per il resto non ha assolutamente niente di eccezionale".

Eppure qualcosa era successo.

Con una tazza di thè fumante tra le mani, ottimo antidoto al freddo pungente della sera che, senza che me ne accorgessi era penetrato fin nelle ossa, non riuscivo a smettere di pensare al piccolo cavallo che avevo avuto di fronte fino a pochi minuti prima. Conservavo vivi nella mente il ricordo e le sensazioni lasciatemi da quell'inaspettato incontro e cercavo di trattenere l'energia che si era sprigionata.

Un legame invisibile era stato stabilito tra me e Shahzada, un vincolo sottile che mi obbligò, nei mesi e negli anni successivi, a seguirne la crescita e le gesta da lontano, discretamente.

Con una sola certezza: in qualche modo le nostre strade si sarebbero incrociate di nuovo!

* * * * *

Il mio viaggio dalla Francia è stato lunghissimo; al punto che per un momento ho creduto che avrei dovuto sostare nell'angusto rimorchio dove ero stato caricato per sempre.

Ero rimasto immobile, in equilibrio precario, concentrato a bilanciare curve, urti e scossoni.

Fortunatamente una rete stracolma di buon fieno profumato mi ha tenuto occupato, permettendomi di ingannare la noia.

Poi, quando ormai avevo perso le speranze, l'automobile che mi precedeva si è fermata, il portellone posteriore è stato aperto e sono stato invitato a scendere.

Bell'impresa, uscire a retromarcia da un luogo stretto e semibuio ma conosciuto verso la luce intensa dell'ignoto...!

E' un po' come nascere una seconda volta, abbandonando il sicuro e caldo ventre materno per la vita!

Mi reputo però un cavallo a modo, fiducioso e curioso, per cui tutto si è svolto senza intoppi.

Ora mi trovo in un ampio recinto con abbondante foraggio e sento, pur senza vederli, la presenza di altri cavalli, ne annuso l'odore.

Trovarmi in un luogo sconosciuto non altera il mio equilibrio; sono un po' spaesato, questo sì, ma felice di potermi muovere liberamente e sgranchirmi le gambe indolenzite dai molti chilometri percorsi.

E poi, c'è quella ragazzina minuta a tenermi compagnia, a riempirmi di attenzioni... Sembra in adorazione, mi cerca...

La persona che la accompagna mi osserva da lontano con la coda dell'occhio, senza un reale interesse.

Non sono abituato ad un simile trattamento, sono sempre stato al centro dell'attenzione di tutti.

Lei è diversa, e proprio per questo mi incuriosisce.

Mi avvicino, la cerco, la sfioro più volte allungando il muso oltre lo steccato.

"Hei! Guardami! Sono qui!"

Finalmente il suo occhio si posa su di me, mi tocca... con gentilezza, con rispetto, senza esagerare, senza adularmi.. sembra che mi chieda il permesso di potermi accarezzare.
Mi solletica proprio lì, dietro l'orecchio, dove adoro essere grattato.
La sua mano è sensibile, preme con la giusta intensità.
Sembra conoscermi, sapere esattamente cosa mi piace e cosa no.
Percepisco in lei qualcosa di conosciuto, gesti che comprendo, un'energia che assomiglia alla mia.
Mi piace.

Poi, improvvisamente le due donne se ne vanno portando con loro la magia di quell'incontro, lasciandomi solo nella semioscurità di quel luogo ancora sconosciuto.

Canta il vento tra la sua criniera,
e della coda agita le falde,
che come ali ondeggiano impennate.
(W. Shakespeare)

2.

Passarono molti mesi prima che lo rivedessi di nuovo.

Francesca aveva accolto il mio consiglio di far domare il suo puledro da un professionista e, su mia indicazione, aveva trasferito Shahzada in un centro specializzato nella doma di giovani stalloni che si trovava ad un'ora di automobile da casa sua.

In un primo momento aveva chiesto a me di impartire l'istruzione di base al suo giovane cavallo ma impegni presi in precedenza mi avevano obbligata a declinare l'offerta.

Per meglio dire, mi avevano permesso di declinarla.

Avevo paura. Paura che un contatto troppo ravvicinato con quel cavallo avesse potuto nuocere a me e a lui. Avevo ancora ben presenti nella mente le sensazioni che Shahzada aveva scatenato in me in occasione del nostro primo incontro ed ero cosciente che lavorare a stretto contatto con lui non avrebbe fatto altro che rinforzare un legame profondo che non avrebbe tardato a nascere.

Volevo proteggermi, difendermi.

Già in un'occasione, molti anni prima, mi era capitato di innamorarmi perdutamente di una cavallina dal carattere difficile con la quale avevo a lungo lavorato e ricordavo bene quanto avevo sofferto nel dovermi staccare da lei quando il legittimo proprietario, senza alcun preavviso, aveva deciso di venderla.

Si trattava di un episodio accaduto molti anni prima quando, ancora giovanissima, faticavo a tenere a freno la mia emotività: ma nel momento stesso in cui la cavalla in questione lasciava il Centro ippico a bordo di un camion che l'avrebbe portata chissà dove, io avevo giurato a me stessa che mai più mi sarei legata in quel modo ad un cavallo non mio.

Da quel momento in poi i miei rapporti con i cavalli che mi venivano affidati era stato basato sulla professionalità e sulla razionalità.

Intuivo però che, se avessi avuto a che fare quotidianamente con Shahzada la scorza che mi ero costruita intorno sarebbe presto caduta, facendomi perdere il cuore, ma anche l'equilibrio sul lavoro e decisi quindi di mettere quanta più distanza possibile tra noi.

Shahzada non era in vendita, e forse non lo sarebbe stato mai.

Il mio cuore era chiuso e assolutamente chiuso doveva rimanere. Per il mio bene.

Per questo motivo lo persi di vista fino a quando, a doma completata, Francesca mi annunciò che lo avrebbe riportato a casa, chiedendomi collaborazione e aiuto per il trasporto.

Con un leggero rimorchio in alluminio attaccato dietro la mia utilitaria ci avviammo lungo l'autostrada, senza fretta, in direzione del centro ippico dove Shahzada si trovava.

La tiepida giornata di inizio primavera rendeva piacevole la passeggiata e la quasi assenza di traffico lungo la strada permetteva una guida fluida e rilassata.

Una volta giunte a destinazione Francesca decise di concedere un istante di libertà al suo cavallo prima di caricarlo sul rimorchio.

"Sono due giorni che è chiuso nel box" mi comunicò "Se gli permetto di sfogare parte delle sue energie sicuramente affronteremo il viaggio con più tranquillità e meno problemi" aggiunse.

Non potei che concordare e, mentre la mia amica correva in tutta fretta a prendere il suo cavallo in fondo alla scuderia, attesi davanti all'ingresso del maneggio coperto, guardandomi intorno per ingannare l'attesa.

Era l'ora del pranzo, il personale era in pausa e le scuderie deserte e il silenzio era interrotto soltanto dai cavalli che, ognuno nel suo box, masticavano a testa bassa il foraggio.

Abituata al continuo andirivieni di clienti e cavalli del luogo in cui lavoravo, gustai fin in fondo il breve momento di pace che soltanto la domenica all'ora del pranzo regnava in quei luoghi.
La tranquillità e la calma ebbero però fine nel momento stesso in cui Francesca uscì dalle scuderie accanto al suo giovane stallone. Uno scalpitìo di zoccoli sul cemento, accompagnato da acuti nitriti di richiamo mi annunciarono l'arrivo di Shahzada che, maestoso, avanzava in mia direzione trattenuto a stento dalla sua proprietaria.
Il piccolo stallone avanzava con andatura fiera e a testa alta, con le piccole orecchie a forma di cuore mobili e attente, le narici dilatate, i muscoli tesi.
Come un generale che passa in rassegna le sue truppe sfilava, imponente malgrado la piccola statura, lungo la fila di box dove gli altri cavalli erano alloggiati, scuotendo il capo a destra e a sinistra e richiamando a gran voce i suoi simili.
Stentavo a riconoscere nel nobile stallone il puledro sgangherato che avevo conosciuto per la prima volta soltanto poco più di un anno prima.
Il brutto anatroccolo di un tempo si era trasformato in un bellissimo cigno; la metamorfosi era completa e totale.
Una volta all'interno del maneggio, e assicuratasi che le porte fossero ben chiuse onde evitare una fuga dalle conseguenze catastrofiche, Francesca liberò Shahzada, per permettergli di sfogare a piacimento le energie troppo a lungo represse.

Lo spettacolo ebbe inizio.

Lanciato in un galoppo sfrenato, rallentato soltanto dalle pareti che delimitavano il maneggio Shahzada divenne l'essenza della gioia di vivere e dell'energia fatta cavallo.

Ogni singolo muscolo del fisico asciutto ed atletico si contraeva e distendeva allo spasimo per allungare la falcata, il collo, allungato, pareva voler fendere l'aria per acquisire aerodinamicità e gli zoccoli aggredivano con forza il terreno, come a voler dare ulteriore slancio alla corsa. Il respiro, veloce ma regolare, sembrava voler sottolineare il ritmo con il quale i piedi poggiavano, rapidi, sul morbido fondo in segatura.

La coda arrotolata sulla schiena, come soltanto i cavalli arabi sanno tenere, e la testa portata con fierezza rendevano regale il portamento di quel cavallo che emanava forza e vitalità, misti a grazie e leggerezza, da ogni singolo poro.

Dopo lunghi minuti di corsa sfrenata durante i quali io avevo quasi dimenticato di respirare, tanto ero rapita e ipnotizzata dalle immagini che arrivavano ai miei occhi, Shahzada rallentò l'andatura e, con le narici ancora dilatate dall'eccitazione, iniziò una danza fatta di brusche frenate e rapide accelerazioni, improvvise variazione di andatura e repentini cambiamenti di direzione tutt'intorno a me e alla mia amica.

Dopo averci completamente ignorato per svariati minuti lo stallone sembrava ora voler interagire con noi, coinvolgendoci ed invitandoci ad unirci al suo gioco.

Francesca raccolse subito la sollecitazione e corse veloce in direzione del cavallo che, con uno scarto laterale, fuggì in direzione opposta per poi effettuare un dietro front improvviso e rincorrere a sua volta la mia amica che, con uno scatto fulmineo, uscì dalla sua traiettoria per riprendere subito dopo il suo ruolo di inseguitrice.

Mentre quei due giocavano a rincorrersi io mi riempivo gli occhi con le immagini dello stallone in libertà ma, con mio gran dispiacere, mi accorsi che non riuscivo più a percepire quell'energia positiva che Shahzada aveva emanato a fortissime ondate in occasione del nostro primo incontro.

Ogni singolo movimento del giovane stallone era un misto di grazia e forza, agilità e sicurezza, consapevolezza e determinazione, ma in lui percepivo anche qualcosa di diverso che, pur rendendolo estremamente affascinante, in qualche modo mi disturbava.

Quel cavallo era fin troppo sicuro di sé e della propria forza fisica, e mentre interagiva con Francesca intuivo dai suoi atteggiamenti la convinzione di essere superiore a lei e nei suoi occhi leggevo aria di sfida.

Quello che la mia amica considerava un gioco innocuo era invece per Shahzada una dimostrazione di potere e superiorità.

Chi si era occupato della sua istruzione aveva domato il suo corpo ma non il suo spirito, che anzi dava già i primi, leggeri segni di ribellione.

Lo sguardo un tempo curioso e amichevole sembrava ora voler dire a chiunque si avvicinasse "Stai attento, perché sono più forte di te".

Era come se il suo spirito, un tempo cooperativo e alla ricerca di un contatto con 'Essere Umano, fosse ora distante, inavvicinabile.

Qualcosa era cambiato nel profondo del suo animo; qualcosa che, malgrado l'innegabile bellezza di quello stallone, mi faceva rimpiangere l'angoloso puledro di un anno prima.

Infatti, i problemi non tardarono a presentarsi.

Francesca riportò a casa il suo cavallo, ma solo già poche settimane più tardi si lamentava con gli amici del temperamento indisciplinato di Shahzada e delle difficoltà che aveva nel gestirne i comportamenti, soprattutto in presenza di altri cavalli.

Il giovane stallone, a causa del suo carattere dominante, mal sopportava la presenza di altri individui della sua specie che percepiva come rivali e con i quali entrava immediatamente in competizione. E... fatto ancora peggiore, mal sopportava le continue imposizioni di Francesca.

La ragazza era indiscutibilmente in difficoltà ogni volta che lo cavalcava: la sua esperienza limitata in ambito equestre la rendeva instabile e poco determinata in sella, mentre l'estrema sensibilità e il temperamento focoso del suo cavallo non facevano che acuire il problema.

Nato per correre, Shahzada aveva lo spirito di competizione nel sangue e bastava che un cavallo gli si avvicinasse per farlo dare in escandescenze.

Anche le rilassanti passeggiate domenicali con i clienti del Centro ippico, alle quali Francesca aveva preso l'abitudine di aggregarsi, divennero ben presto faticose e stressanti per tutti i partecipanti.

Shahzada mal sopportava di essere relegato in fondo al gruppo e regolarmente ingaggiava con Francesca una dura lotta che costrinse in poco tempo la ragazza ad utilizzare un'imboccatura più severa del morbido filetto utilizzato per la doma, che però non portò i risultati sperati.

In realtà il problema era un altro, e nessuna imboccatura avrebbe potuto risolverlo: a Shahzada erano bastate poche settimane per capire di poter aver ragione della sua proprietaria che, troppo occupata a cercare di rimanere in sella, non era in grado di contenere i suoi capricci e le sue bizze.

Francesca, in un primo momento divertita dalla vitalità del suo giovane stallone, che attirava gli sguardi e si faceva notare per la sua irruenza ovunque andasse, si indispettì ben presto e pensò di poter avere ragione di Shahzada con la forza.

La sfida tra i due si trasformò velocemente in lotta.

Al nuovo, severissimo morso Shahzada reagiva violentemente alzando la testa di scatto con un'agilità tale che, in un'occasione, colpita violentemente la mia amica fu ricoverata in ospedale per un trauma cranico.

Agli speroni, assolutamente inadeguati al suo temperamento focoso e alla sua pelle sensibile, lo stallone si ribellò in men che non si dica, impennandosi più e più volte, fino a far cadere Francesca o fino a rovesciarsi lui stesso insieme al suo scomodo carico.

Francesca cercò di arginare il problema con un paio di tiranti in cuoio che, legati stretti all'imboccatura e alla sella obbligavano il povero cavallo a tenere la testa praticamente tra gli anteriori limitandone i movimenti, ma Shahzada, che ormai era totalmente fuori controllo, escogitò un nuovo modo per disfarsi del peso che era costretto a portare sulla schiena, buttandosi letteralmente per terra ad ogni accenno di imposizione da parte della mia amica.

Il piccolo cavallo dava evidenti segni di tensione ogni volta che la sua proprietaria gli si avvicinava e, con occhi sbarrati e orecchie appiattite dietro la testa in segno di minaccia, cercava di allontanare da sé la fonte della sua sofferenza.

Il suo occhio, un tempo buono e schietto, emanava dopo un'escalation di soprusi e violenze durate anni, solo diffidenza e paura.

Stentavo a riconoscerlo.

Ma Francesca, orgogliosa, non mollò, e nemmeno permise a nessuno di mettere in dubbio la validità dei suoi metodi, e quella che tra i due era iniziata come una sfida sfociò nel tempo in puro odio reciproco.

Fino al giorno dell'incidente.

Era una tiepida domenica di aprile. Da tempo avevo abbandonato il mio lavoro al Centro ippico a causa di un'improvvisa accelerazione nella mia vita privata. Ero da poco diventata mamma per la seconda volta e avevo deciso di dedicarmi a tempo pieno alla famiglia e alla mia piccola Chiara, perdendo in parte i contatti con gli amici cavalieri. Continuavo però ad accompagnare di tanto in tanto, in veste di istruttore, le passeggiate domenicali di un ristretto gruppo di amici.

Era diverso tempo che non vedevo Francesca in sella, ma mi bastò poco per capire fino a che punto il rapporto con il suo cavallo si fosse deteriorato.

Agitatissimo ancor prima che la mia amica potesse mettere un piede nella staffa, Shahzada divenne praticamente ingovernabile nel momento stesso in cui Francesca scivolò pesantemente in sella.

Scatti fulminei in avanti si alternavano ad agilissimi scarti laterali ad ogi accenno di contenimento della mia amica che, già nervosa, si apprestava a punire l'incolpevole stallone a suon di frustate. E più la frusta sibilava nell'aria più Shahzada, ormai terrorizzato e incapace di comprendere cosa Francesca si aspettasse da lui, reagiva in maniera violenta.

Dopo nemmeno dieci minuti di strada il povero cavallo era già completamente gocciolante di sudore. Con la bocca sanguinante e il costato ferito dagli speroni lo stallone avanzava a scatti, urtando qualsiasi ostacolo si trovasse sulla sua strada. Francesca, dal canto suo, rossa in volto per la fatica fisica, lamentava dolore alle braccia per la trazione violenta che senza sosta era costretta a fare sulle redini pur di contenere l'impeto con il quale Shahzada avanzava.

Arrivammo in prossimità del guado che, in testa ala carovana, attraversai con circospezione. Il fiume, che nel periodo estivo era ridotto a poco più che un rigagnolo, era in quel periodo di disgelo fortemente ingrossato. La corrente era forte e l'enorme quantità di acqua rendeva impossibile la visuale del fondo accidentato e pieno di grossi sassi scivolosi.

L'uno dopo l'altro i cavalli dietro di me attraversarono il guado lentamente e con cautela mentre Shahzada, in coda al gruppo, abbassò la testa per bere un sorso d'acqua e calmare la sete.

Senza preavviso, fulminea come una saetta, arrivò la frustata.

Altrettanto improvvisa fu la reazione dello sventurato stallone che, balzando in avanti spaventato, mise un piede in fallo e cadde pesantemente in acqua, schiacciando Francesca.

Furono istanti terribili: con la testa quasi immobilizzata tra gli anteriori Shahzada non riusciva a risollevarsi e per lunghissimi, interminabili secondi fu completamente sommerso dall'acqua mentre le zampe si agitavano in ogni direzione. Credevo sarebbe morto lì, in mezzo al fiume, in pochi centimetri d'acqua quando, miracolosamente uno dei tiranti ha ceduto, permettendogli di rialzarsi e di guadagnare la riva a grandi balzi.

Anche Francesca, liberatasi immediatamente da sotto il suo cavallo, riuscì a raggiungere la terraferma sulle sue gambee, una volta che l'ebbi accanto, potei constatare che quasi miracolosamente la mia amica era uscita dal fiume ammaccata ma illesa. Non si poteva purtroppo dire lo stesso di Shahzada che, bagnato come un pulcino, era in evidente stato di shock.

Il povero cavallo era percorso da lunghi tremiti, ogni muscolo era teso, ma sostava immobile e non osava più muovere un solo passo. Le zampe erano cosparse di tagli dai quali usciva, a piccoli rivoli abbondante sangue.

Provai pena. Per lui, ma anche per Francesca che, poco distante, si era accovacciata a terra abbandonandosi in un pianto liberatorio, prontamente assistita da alcuni membri del gruppo.

Andai da lei.

"Sei in grado di rimontare in sella?" le chiesi scostandole delicatamente i capelli bagnati dal viso.

"Non ci penso proprio a rimettere il culo su quel diavolo scatenato!" sbottò lei, alzando la voce in un evidente stato di alterazione. Cercai di calmarla.

"No, non Shahzada" replicai con calma guardandomi bene dal dirle che era meglio per lei se si fosse tenuta a distanza dal suo cavallo per un po'. "Prendi il mio cavallo" le proposi "e insieme agli altri guaderai di nuovo il fiume e rientrerai in scuderia, Lì, nel mio armadietto, troverai dei vestiti asciutti". La mia amica annuiva in silenzio e mi guardava con gratitudine, sollevata all'idea di non dover nuovamente salire in sella al cavallo che, qualche minuto prima, aveva rischiato di ucciderla. "Io prendo Shahzada e a piedi lo riporto in scuderia. Prenderò la strada più lunga, ma eviterò di dover guadare nuovamente il fiume" la rassicurai. Poi attesi pazientemente che il gruppo riguadagnasse la riva opposta per avvicinarmi con circospezione a Shahzada, che nel frattempo era stato legato al più vicino albero.

Lessi puro terrore nei suoi occhi sbarrati quando, con movimenti lenti, mi avvicinai e mi affrettai a parlargli con voce suadente, nel tentativo di tranquillizzarlo. Provai ad allungare una mano verso la sua testa piena di escoriazioni, ma finalmente libero dalla costrizione dei tiranti, Shahzada la sollevò repentinamente, sfuggendo il contatto e rifiutando la carezza che gli offrivo. Era rigido, spaventato e teso come una corda di violino e, a testa alta, annusava l'aria, pronto a fuggire via al minimo segnale di pericolo. Malgrado ciò, mi permise di sciogliere il nodo che lo teneva legato all'albero e mi seguì, con passo incerto, fino al centro ippico dove, dopo le prime cure, accertammo che le ferite non erano di gravità tale da richiedere l'intervento del veterinario.

Il giovane stallone era però provato psicologicamente e decidemmo di caricarlo sul rimorchio per riportarlo a casa di

Francesca, nell'ambiente dove abitualmente viveva e dove più in fretta si sarebbe ripreso dai traumi subiti nel corso di quella faticosissima giornata.

Qualcosa però si era rotto e da quel momento in poi Francesca non riuscì più ad avvicinarsi a lui senza provocarne la fuga o addirittura una reazione aggressiva.

Sull'onda dell'emotività e ancora sotto shock per ciò che era accaduto in quella maledetta domenica, la mia amica prese la drastica decisione di far castrare il suo magnifico stallone, credendo così di porre rimedio a tutti i suoi problemi. Già l'indomani prese appuntamento con il suo veterinario di fiducia e, desiderosa di fare in fretta, portò Shahzada in una clinica veterinaria dove, con mio gran dispiacere il magnifico stallone fu privato per sempre della sua virilità.

L'intervento chirurgico avrebbe sicuramente calmato i bollenti spiriti del giovane cavallo arabo, ma non ero certa che avrebbe risolto i suoi problemi di relazione con Francesca; il loro rapporto era compromesso da anni di incomprensioni e la fiducia era andata persa.

La causa del comportamento ribelle di Shahzada non era da imputare ad un eccesso di ormoni ma ad un disagio creato da comportamenti incoerenti da parte della sua proprietaria, da punizioni ingiuste e sproporzionate.

Il cavallo un tempo fiducioso e aperto percepiva ora l'Essere Umano come un nemico da combattere con tutte le forze.

La castrazione non modificò infatti nessuno dei suoi comportamenti e Francesca stessa, ormai conscia del pericolo che Shahzada rappresentava per se stesso e per chi lo circondava, si avvicinava a lui con timore sempre crescente fino al giorno in cui, a poco più di un mese dall'incidente, gettò definitivamente la spugna e venne a trovarmi.

"Devo prendere una decisione e ho due alternative" esordì esitante tamburellando con le dita sul tavolo della mia cucina "O lo prendi tu o lo faccio abbattere". Mi annunciò mestamente.

Non ci pensai nemmeno un secondo. "Lo prendo io" le risposi di getto.

Nessuna persona di buon senso avrebbe accettato l'acquisto di un cavallo in quelle condizioni e io stessa non ero convinta che Shahzada fosse ancora ricuperabile. Ma abbatterlo, no. Era fuori discussione.

Ricordavo ancora molto chiaramente il nostro primo incontro, quello durante il quale avevo fortemente sentito l'energia bella, pulita, positiva ed intensa di quel puledro e un'immediata sintonia si era instaurata tra noi.

Sapevo che lo sventurato stallone era in fondo all'animo molto diverso dal cavallo che ora tutti temevano e non mi sarei mai perdonata di non avergli dato una possibilità.

Sì, dovevo almeno provarci. Volevo provarci, Con tutte le mie forze.

* * * * *

Basta! Non ne posso più!
Odio l'Essere Umano, odio il mondo, odio questa vita, odio chi mi ha fatto questo!
E ho paura. Una paura folle che mi impedisce di ragionare, che rende le mie solide gambe tremolanti e insicure ed il mio respiro veloce e affannoso. Si impadronisce di me e non riesco a controllarla; governa il mio corpo e le mie azioni.
Ho vissuto la peggiore delle esperienze, al culmine di un'escalation di violenze e soprusi.
Ho appena rischiato di morire, affogato tra le basse acque di uno stupido fiume. Volevo raggiungere in fretta gli altri componenti del gruppo, ma sono stato brutalmente

strattonato. Mi sono spaventato, ho perso l'equilibrio, sono scivolato su un viscido, stupido sasso.

L'odioso tirante che da tempo immemorabile mi tiene la testa bloccata, creandomi dolore, non ha ceduto e l'acqua mi ha sommerso completamente.

Aiuto!Aiuto! Non respiro...Non respiro!

Ho perso la testa, ho lottato disperatamente, mi sono dibattuto violentemente, con la forza della disperazione.

Poi, di colpo, qualcosa ha ceduto, ho potuto muovere la testa, darmi lo slancio e rialzarmi.

Respiro... respiro, respiro. Ho male dappertutto, ma respiro.

E pensare che tutto è cominciato per gioco: la mia proprietaria giocava con me a rincorrersi e io, evidentemente le mettevo soggezione, perché quando la "puntavo" lei scappava. Tra cavalli facciamo così, chi scappa ha perso, e ammette di essere il più debole.

Non volevo questa guerra, ma proprio non mi riusciva di starmene buono e tranquillo in fondo al gruppo. Il mio posto era in testa alla carovana, a fare da apripista, a proteggere il branco. Sono uno stallone dominante: la guida, il numero uno.

Non sopportavo quelle gambe che, sempre in movimento, solleticavano e percuotevano il mio costato, né il peso che, scoordinato, batteva pesantemente sulla schiena.

Temevo la mano che, insensibile, infliggeva torture con un ferro affilato come un coltello alla mia povera bocca.

Ho reagito al dolore, con violenza... e non ho ottenuto che altra violenza.

Ma cosa ti ho fatto? Perché mi punisci? Possibile che tu non riesca a capire?

Ho raggiunto il limite. Basta! Ho chiuso! Stop!

Da oggi mi difenderò con tutte le forze, non permetterò più a nessuno di ferirmi e umiliarmi, non mi fiderò più!

Combatterò e mi ribellerò all'Essere Umano, che non sa capire né ascoltare e piuttosto che piegarmi mi spezzerò.

Un cavallo può prestare al suo cavaliere
la velocità e la forza di cui manca;
ma il cavaliere assennato tiene presente che
si tratta solo di un prestito.
(Pam Brown)

3.

Andai a prenderlo in un tiepido pomeriggio di aprile, accompagnata da mia figlia che, inconsapevole, dormiva profondamente nel seggiolino sistemato sul sedile posteriore dell'autovettura, dolcemente cullata dall'andatura lenta e priva di scossoni.

Non conoscevo l'entità dei danni che la psiche del mio nuovo cavallo aveva subito e nemmeno riuscivo ad immaginare quanto in realtà il rapporto con l'Essere Umano fosse compromesso.

Avrei in cuor mio desiderato che le nostre strade si fossero incrociate, ma mai avrei voluto che questo accadesse in queste condizioni. Avevo appena acquistato un cavallo che nessun individuo di buon senso avrebbe osato anche solo avvicinare, ma il buonsenso non era una delle mie caratteristiche e la gioia e la trepidazione che provavo in quel momento erano più forti di qualsiasi dubbio.

Non avevo la minima idea di cosa avrei fatto per aiutare il povero, sfortunato cavallo, non ero nemmeno certa di riuscire a ricuperarlo; ma avevo la certezza che ce l'avrei messa tutta per convincerlo che non tutti gli Esseri Umani sono nemici da combattere.

Docilmente, come rassegnato, Shahzada mi seguì fino all'interno del rimorchio che l'avrebbe condotto alla sua, alla nostra nuova vita.

Lo portai in una piccola scuderia privata che sorgeva a poca distanza da dove abitavo. La avevo scelta per l'ambiente informale che vi regnava e per l'ampio pascolo adiacente alle scuderie dove il mio piccolo cavallo, a lungo relegato ad un'esistenza solitaria, avrebbe potuto finalmente socializzare con i suoi simili all'aperto e in libertà.

Dopo averlo sistemato nel suo nuovo box mi fermai ad osservarlo, dall'altro lato della grata divisoria, cercando di captarne, attraverso i suoi atteggiamenti, lo stato d'animo.

Nell'ultimo angolo del box Shahzada sostava, immobile e a testa bassa, en consapevole della mia presenza e indifferente a tutto ciò che lo circondava.

La vitalità e l'energia del fiero stallone che un tempo curioso, socievole e cooperativo apriva gli occhi dolci sul mondo erano state sostituite dalla diffidenza e dall'apatia.

Povero, povero cavallo... che era stato spezzato pur di non essere piegato... e che aveva costruito intorno a sé un muro altissimo, impossibile da superare.

Cercai più volte di attirare la sua attenzione, invitandolo ad avvicinarsi, ma il mio cavallo, voltandomi dimostrativamente le spalle, mi fece chiaramente capire che ero di troppo, che voleva essere lasciato in pace, che non era pronto per entrare in comunicazione con me.

La situazione era più complicata di quanto avevo previsto e per un breve attimo pensai di aver commesso, con quell'incauto acquisto dettato dal cuore, il più grande errore della mia carriera equestre.

Silenziosamente scivolai fuori dall'angolo visivo del cavallo e, immobile, continuai ad osservarlo a distanza. Convinto di essere rimasto solo Shahzada si rilassò e, con il naso che sfiorava il pavimento, iniziò ad ispezionare la sua nuova dimora e a mangiucchiare il fieno che avevo messo a sua disposizione. La tensione che fino a pochi istanti prima aveva pervaso ogni cellula del suo corpo non era dovuta all'ambiente sconosciuto nel quale da pochi minuti si trovava, ma unicamente alla mia presenza. Nel momento in cui il piccolo baio aveva smesso di sentirsi osservato era tornato ad essere il puledro che avevo conosciuto diversi anni prima.

Sospirai, ben nascosta nel mio angolo.

Il mio cavallo c'era ancora, non se n'era andato completamente e, nonostante fosse innegabile che avesse un problema di relazione con l'Uomo, mi confortava notare che, nonostante le vicissitudini della sua travagliata vita, in un piccolo angolo della sua anima il puledro docile, curioso e pieno di vitalità esisteva ancora.

Il lavoro da eseguire era molto e avrebbe richiesto tempi lunghi, ma una speranza per Shahzada c'era ancora.

Il suo conflittuale rapporto con l'Uomo l'aveva incattivito, ma la sua essenza era intatta. Nonostante i commenti negativi dei miei amici al riguardo, io quell'essenza la percepivo e dovevo soltanto trovare il modo di tirarla fuori.

Il che, in quel momento, era più facile a dirsi che a farsi.

Una cosa mi era chiara: sarebbe stato assolutamente impossibile lavorare con un cavallo che subiva, solo perché costretto, la presenza dell'Uomo.

Shahzada avrebbe prima di ogni cosa dovuto imparare ad accettare la mia presenza discreta senza timore di dover subire la mia volontà; soltanto in seguito avrei potuto provare a riconquistare la sua fiducia e a chiedere la sua cooperazione.

Gli concessi un periodo di riposo al pascolo dove, per la prima volta in vita sua, poteva confrontarsi con i suoi simili mentre io, seduta nell'erba in un angolo, mi limitavo ad osservarlo a lungo per individuarne i tratti caratteriali attraverso il suo modo di relazionarsi con gli altri cavalli del branco. Il mio piccolo arabo aveva la stoffa del leader e in breve tempo diventò il capo indiscusso del piccolo branco.

Ogni giorno, per più di un mese, mi recai al maneggio per portarlo personalmente fuori e rimetterlo in box qualche ora più tardi. Desideravo che associasse il mio arrivo alla gioia di poter uscire ed essere libero per un po'.

Dapprima infastidito dalla mia sola presenza, in capo a qualche giorno cominciò a mostrare interesse nei miei confronti. Percorrendo il lungo corridoio che portava al suo ricovero riuscivo a intravvedere in lontananza le piccole orecchie a forma di cuore che, attente, puntavano nella direzione dalla quale provenivo. Con occhio vigile il "piccolo principe" seguiva il mio percorso fin davanti al suo box e, rapido infilava il muso nella capezza che l'avrebbe condotto alla libertà.

Era, questo, il nostro unico contatto, il solo che il mio cavallo accettava e mostrava di gradire; ma era un importante punto di partenza verso nuovi traguardi.

La strada era però lunga e tutta in salita.

Shahzada non mi regalava niente, e anche un solo, breve istante in cui riuscivo ad interagire con lui senza scatenare un attacco di panico, era frutto di un lungo e paziente lavoro. Miglioramenti ce n'erano, tutti i giorni, ma erano talmente impercettibili che forse soltanto il mio cuore riusciva a coglierli.

Di tanto in tanto, durante le sue ore di libertà il mio cavallo abbandonava i suoi simili per avvicinarsi a me e gustare la carota che puntualmente gli offrivo per premiarlo della sua buona volontà e rassicurarlo sul fatto che le mie intenzioni nei suoi confronti fossero amichevoli.

Passai moltissime ore seduta con la schiena appoggiata ad un palo dello steccato che delimitava il suo recinto, immobile, in silenzio, in apparente dormiveglia. Invece tutti i miei sensi erano all'erta e protesi in direzione del mio amico a quattro zampe.

L'osservazione dei comportamenti di Shahzada quando era libero e in presenza di altri cavalli avrebbe potuto apparire ad altri come una perdita di tempo, ma il tempo passato al bordo del pascolo fu per me illuminante e mi permise di scoprire tratti del suo carattere che mai avrei immaginato.

Nonostante la recente castrazione il mio piccolo arabo non aveva perso né la verve, né il carattere fiero e forte e continuava a comportarsi come avrebbe fatto lo stallone Alfa di un branco di cavalli allo stato brado. Al suo arrivo nel recinto ispezionava le giumente e veniva accolto on sonori richiami di saluto: era il primo ad avere accesso al cibo o all'acqua e guai se altri cavalli mostravano anche soltanto il desiderio di avvicinarsi; Shahzada senza esitazioni lo allontanava, a volte con modi eccessivamente bruschi, ai margini del gruppo. Il mio cavallo era diventato in breve tempo l'indiscusso leader di un branco composto in parte anche da soggetti con carattere forte, e manteneva intorno a sé ampi spazi nei quali non permetteva agli altri cavalli di entrare. Solo gli individui più forti potevano ambire, allo stato brado, a quel ruolo.

Se il mio cavallo si credeva uno stallone Alfa, e come tale veniva riconosciuto e accettato dai suoi simili, mai e poi mai avrei potuto avere ragione di lui imponendogli la mia volontà.

Ora sapevo con certezza ciò che in qualche modo avevo sempre intuito: per avere la collaborazione del mio cavallo avrei dovuto stabilire con lui un rapporto "alla pari" , fondato sul rispetto reciproco e avrei dovuto convincerlo a voler fare ciò che gli chiedevo. Ma prima di tutto avrei dovuto guadagnarmi la sua fiducia e, prima di procedere con la tappa successiva del suo riaddestramento attesi perciò che fosse lui stesso a farmi capire che era pronto e occupai il mio tempo nella lettura di testi che trattavano di etologia e di "doma dolce".

La violenza non era mai stata parte dei miei metodi di addestramento con i puledri, ma evidentemente con Shahzada questo non era sufficiente. Il suo rapporto con di fiducia verso l'Essere Umano era talmente compromesso da rendere impossibile con lui un approccio convenzionale.

Per costruire con lui una relazione di scambio e comunicazione avrei dovuto "diventare cavallo", imparare a pensare come lui e a comunicare utilizzando il linguaggio del corpo che i cavalli ben conoscono e praticano, muovendomi in modo che il mio amico a quattro zampe potesse comprendere i messaggi che, senza proferire parola il mio corpo gli trasmetteva.

Avrei dovuto svestirmi dei miei panni di predatore per diventare erbivoro, avrei dovuto comportarmi come uno stallone dominante, che autorevole senza essere autoritario, incute rispetto ma non paura.

Avrei dovuto imparare ad "ascoltare" ciò che Shahzada intendeva comunicarmi, adeguandomi alle sue difficoltà e tenendo in considerazione il suo "punto di vista".

Ma, prima ancora, avrei dovuto "resettare" il cervello di quella creatura traumatizzata, sostituendo le brutte esperienze del passato con sensazioni di benessere e piacere legate alla mia presenza.

Il giorno in cui, al mio arrivo in scuderia, un timido richiamo di saluto mi raggiunse, capii che Shahzada era pronto per ricominciare dolcemente e gradualmente a lavorare.

Come di consueto, gli infilai la sua capezza color giallo sole alla quale attaccai il moschettone di una lunga corda piatta, ma invece che dirigermi verso il pascolo lo portai all'interno del campo in sabbia dove contavo di muoverlo alla longe.

La ripresa del lavoro fu drammatica: per lui come per me.

Evitai accuratamente di imbrigliare il mio cavallo con arnesi costrittivi che in passato gli avevano causato sofferenza ma, il semplice fatto di aver cambiato le ormai consolidate abitudini che prevedevano l'uscita al paddock bastò a scatenare in lui nervosismo e tensione.

Gli parlai a lungo, con voce grave e lenta, per riportarlo ala calma.

Bastò però il gesto di sollevare da terra la lunga frusta, che intendevo utilizzare unicamente come se fosse un prolungamento del mio braccio, per farlo fuggire in un galoppo sfrenato che a stento riuscivo a trattenere, saldamente attaccata alla sommità della lunga corda.

Posai immediatamente la frusta.

Troppo tardi: Shahzada aveva perso completamente la testa e a nulla valsero i miei tentativi di tranquillizzarlo utilizzando la voce.

Tentò disperatamente di fuggire lontano da me, ma la corda tesa allo spasimo glielo impedì. Non riuscendo a sottrarsi con la fuga Shahzada utilizzò l'attacco come estrema arma di difesa e, credendo di dover salvaguardare la propria incolumità cambiò direzione e puntò dritto verso di me pur di eliminare la fonte del suo disagio.

Riuscii ad emettere un urlo solo nel momento in cui, davanti a me, dritto sulle zampe posteriori, si apprestava a colpirmi con gli zoccoli anteriori.

Fortunatamente il suono stridulo della mia voce lo fece desistere dai suoi propositi bellicosi e lo riportarono al galoppo, a qualche metro da me.

Il comportamento aggressivo del mio cavallo mi aveva colta impreparata e mi aveva sconcertata, ma non riuscivo a percepirlo come totalmente negativo: anche se non era quella che mi ero aspettata, Shahzada aveva avuto una reazione, e qualsiasi cosa era meglio dell'indifferenza e dell'apatia alle quali mi aveva abituata nel corso delle prime settimane della nostra vita insieme.

Col fiato corto ripresi il lavoro daccapo, fingendo che nulla fosse successo e aiutandomi con la voce ed ampi gesti delle braccia lo spronai a galoppare a ritmo sostenuto. Gli permisi, anzi, lo sollecitai a fuggire impedendogli così di caricarmi nuovamente.

Nei suoi occhi sbarrati leggevo terrore puro e i muscoli contratti spingevano con forza nel terreno, trascinando in

parte anche me nella folle corsa, disperato tentativo di fuggire da una situazione che Shahzada temeva.
Lo lasciai fare, attendendo pazientemente che si calmasse e ritrovasse equilibrio.
"Piano...piano" sussurrai a lungo e dolcemente come in una monotona e ipnotica cantilena.
Giro dopo giro il ritmo della corsa diminuì fino a diventare lento e regolare.
"Oh,oh... Troootto..."mormorai e il mio cavallo passò senza esitazioni all'andatura richiesta.
"Bravo, bravo" mi affrettai a lodarlo "E ora, passo..."
Shahzada eseguì.
"Ok, così si fa. Bene. E ora vieni" chiesi allungando la mano e attendendo che il piccolo baio si avvicinasse spontaneamente, anche se con qualche incertezza a me.
"Vieni, dai, vieni" lo esortai più volte portando la mano verso di me e arretrando di un passo, come a volerlo invitare a raggiungermi.
E finalmente Shahzada decise di avvicinarsi e di raggiungermi, prontamente premiato.

Al termine del nostro primo giorno di lavoro insieme le mie braccia erano doloranti per lo sforzo di trattenere la corda e il mio cavallo grondava di sudore nervoso.
Ma avevo raggiunto il mio scopo.

Mostrandomi serena e padrona della situazione ero riuscita a contenere in qualche modo l'attacco di panico del mio cavallo e gradualmente er riuscita a riportarlo alla calma.
Shahzada aveva compreso che lavorare con me non gli procurava dolore e che la lunga corda alla quale era saldamente legato gli permetteva in effetti di muoversi abbastanza liberamente, dandogli la sensazione di poter fuggire se qualcosa lo infastidiva.

Stanco, ma tranquillo, mi seguì con passo sicuro fino al suo box dove, per la prima volta, frugò all'interno delle mie tasche alla ricerca della meritata ricompensa.

La convulsa sessione di lavoro aveva inoltre permesso a me di prendere in qualche modo le misure del mio cavallo, di valutarne l'estrema sensibilità e di comprendere che erano sufficienti movimenti ben ponderati e controllati per farmi comprendere e assecondare da lui.
Se anche soltanto un gesto brusco era in grado di scatenare in lui una reazione esagerata, avrei dovuto imparare ad avere il controllo totale del mio corpo e dei miei movimenti, ma anche delle mie emozioni, che mi avrebbero permesso di meditare e calcolare ogni mia mossa.

Continuammo così, giorno dopo giorno, sempre alla stessa ora, con gli stessi gesti, finché il mio cavallo non imparò a girare alla corda con andatura regolare da entrambi i lati al passo, al trotto e al galoppo, ascoltando ed eseguendo senza incertezze i comandi vocali che gli impartivo.
In realtà il piccolo Arabo era fisicamente perfettamente in grado di eseguire alla perfezione ogni richiesta fin da subito, lo scopo principale di quella fase del lavoro era quello di metterlo tranquillo, permettendogli di comprendere che nulla di male gli sarebbe successo e che aveva la possibilità di esprimere eventualmente anche il suo dissenso.
Le continue richieste di cambiamenti di andatura, seguiti prontamente da un premio o una gratificazione avevano come obiettivo l'abbattimento delle resistenze che Shahzada aveva nello svolgere ciò che gli veniva richiesto.
Nello stesso tempo io imparavo il controllo totale sul mio corpo e, al centro del rettangolo in sabbia, facevo le mie richieste in maniera sempre più impercettibile utilizzando gesti sempre più lievi.

Colui che avevo creduto essere il mio peggior allievo stava invece diventando il mio miglior maestro.

Il buon svolgimento del lavoro dipendeva infatti da me: se i comandi che gli impartivo erano corretti Shahzada reagiva prontamente e senza errori, ma era sufficiente un movimento brusco o troppo ampio per compromettere la calma così faticosamente conquistata.

Ma giorno dopo giorno, sessione di lavoro dopo sessione di lavoro, il grado di conoscenza e di fiducia reciproca aumentava. Semplicemente osservando le mobilissime orecchie del mio cavallo riuscivo a sapere con esattezza quale fosse il suo stato d'animo e quale nuovo trucchetto stesse escogitando per sfuggire, ormai solo per pochi secondi, alle mie richieste. Shahzada, dal canto suo, conosceva ormai consolidate abitudini ed era rinfrancato dai quotidiani gesti al punto da accelerare o rallentare a seconda che io posassi lo sguardo sulla sua groppa o sulla sua spalla.

La sintonia tra noi è aumentata al punto che spesso ho avuto la sensazione che mi leggesse nel pensiero.

Era però sufficiente che introducessi una qualsiasi novità nella quotidiana routine per annullare in un attimo tutti i progressi fatti e farci tornare indietro, al punto di partenza.

La sella, delicatamente appoggiata sulla schiena, riportò il mio cavallino indietro nel tempo, ai traumi subiti da un inesperto cavaliere e spezzava in un attimo la fragile fiducia che faticosamente mi ero conquistata.

Shahzada ricominciava a guardarmi con sospetto ed impiegavo parecchi giorni per convincerlo, eseguendo gli ormai consolidati esercizi alla corda, che niente di drammatico sarebbe successo.

Fiero e ribelle, il "piccolo principe" non perdeva occasione per sfidarmi e mettermi alla prova. Alternando momenti di paura vera a evidenti provocazioni l'agilissimo cavallo escogitava quotidianamente nuovi sistemi per sottrarsi alla pressione, seppur lieve, a cui lo sottoponevo e, con brusche fermate e repentini cambiamenti di direzione mi costringeva regolarmente a riprendere con pazienza il lavoro dall'inizio.

Fino al giorno in cui mi sembrò che fosse nuovamente pronto per essere montato.

* * * * *

Sono stato portato in un posto nuovo.

Non mi ci trovo male, ma mi sento strano. Non ho voglia di niente.

Non ho più rivisto Francesca. Al suo posto, a prendersi cura di me, c'è la sua amica, quella che mi ha riportato in scuderia, salvandomi dalla mia carnefice, dopo che sono quasi morto nel fiume.

Viene a trovarmi tutti i giorni e mi osserva.

Io la ignoro, spero che così mi lasci in pace.

In fondo è gentile: non mi disturba, mi accompagna tutti i giorni al pascolo e rimane in disparte.

Non mi chiede niente e in tasca ha sempre tante cose buone.

E' diversa da tutti gli Esseri Umani con cui ho avuto a che fare fino ad ora: mi rispetta, non insiste se non ho voglia di farmi accarezzare e di interagire con lei, non mi fa mai del male.

La sua presenza discreta ai margini del prato non mi disturba più e non mi fa sentire minacciato; riesco ad essere me stesso, senza maschere né corazze nonostante lei mi osservi da lontano.

Comincio ad attendere il suo arrivo con impazienza, la associo alle ore di libertà all'aperto.

Oggi però, quando già pregustavo l'erba fresca e la compagnia degli altri cavalli, mi ha invece condotto nel rettangolo in sabbia.

Non mi ero accorto della frusta.

Appena l'ho vista, situazioni già vissute mi sono tornate davanti agli occhi e... ho avuto paura reagendo d'istinto.

Sono scappato, ma la corda mi teneva lì, e non potevo allontanarmi da ciò che mi terrorizzava e allora... allora ho attaccato, furioso.

Non si è mossa di un centimetro.

La mia dimostrazione di forza non l'ha spaventata, ma non ha punito il mio atto di ribellione. Anzi, ha lungamente cercato di calmarmi e rassicurarmi.

Non capisco... Questa donna si comporta sempre nel modo che non mi aspetto, è diversa.

Dov'è il trucco? A cosa altro devo prepararmi? Cosa devo aspettarmi da lei?

Una vocina in fondo in fondo mi ripete incessantemente che mi posso fidare. Non lo so... non sono pronto. La paura e la rabbia mi condizionano ancora.

Ho creduto fino ad oggi che Uomo significasse Nemico o Pericolo, o Dolore.

Ora arriva lei, con la sua voce rassicurante, le carote e le carezze e fa vacillare le mie certezze.

Non mi posso fidare, non ancora; ma da oggi la osserverò e la studierò con più attenzione.

Cavalcare trasforma "vorrei" in "posso"
(Pam Brown)

4.

Ignaro di ciò che stava per accadere, il mio piccolo baio accettò di buon grado la sella che con delicatezza appoggiai sul suo dorso e l'imboccatura, che soltanto fino a poco tempo prima aveva ostinatamente rifiutato serrando strettamente i denti e alzando la testa, obbligandomi ad estenuanti trattative, aiutata anche da una dose enorme di carote e di pazienza.

Aiutata dal tempo che passava e che piano piano cancellava i brutti ricordi, e sempre attenta a sostituire le esperienze traumatiche del passato con sensazioni di piacere e benessere ero però riuscita ad annullare alcune delle difese che il mio cavallo metteva in atto sin dal momento in cui andavo a prelevarlo dal suo box.

Le operazioni di pulizia quotidiana e l'ormai consueto e ripetitivo lavoro alla corda nel rettangolo erano ormai accettati di buon grado da Shahzada, che finalmente mostrava di gradire il contatto fisico e con sollecitudine dava seguito alle mie richieste, inarcando fiero il collo ad ogni mia lode.

Come ogni giorno lo guidai con apparente tranquillità fino al centro del rettangolo in sabbia per la consueta sessione alla corda. Fortunatamente il mio vivacissimo cavallo non aveva idea che di lì a poco avrei introdotto una novità essenziale nel nostro lavoro insieme, ed eseguì con tranquillità e in scioltezza tutti gli esercizi che ormai conosceva a memoria.

Io invece sapevo... e utilizzavo quel tempo per permettergli di scaricare le energie accumulate durante la notte nella speranza che, una volta calmate le esuberanze dovute al suo temperamento sanguigno, Shahzada avrebbe accettato di buon grado la mia presenza sulla sua schiena.

Ero cosciente che quel giorno avremmo compiuto un passo importante e fondamentale nel nostro cammino insieme, una tappa campale verso la sua guarigione, ma avevo fiducia nel mio cavallo.

Da tempo Shahzada interagiva con me senza più contratture, barriere o freni e comunicava con me attraverso il linguaggio del corpo che così bene avevo imparato a conoscere e che denotava apertura, confidenza, rispetto e sicurezza.

Avevo però sopravvalutato la sua fiducia in me.

Era una splendida domenica mattina di inizio estate e i numerosi cavalli ospiti del Centro ippico brucavano placidamente al pascolo, godendosi la giornata luminosa e tiepida.

L'atmosfera era serena e rilassata, quella mattina e anche il gruppo di cavalieri che era impegnato in una lezione nel prato falciato di fresco, sembrava avanzare con un'andatura più lenta de solito. Anche la voce di Luigia, che a voce alta correggeva le imprecisioni dei suoi allievi, mi giungeva ovattata.

Al corrente delle mie intenzioni la donna aveva spostato la lezione domenicale nel prato per permettermi di lavorare sola, in tutta tranquillità e libera da intralci e distrazioni.

La fama di kamikaze e il temperamento poco gestibile del mio cavallo avevano contribuito a rendere "un evento da non perdere" la mia prima volta in sella e la piccola comunità d cavalieri attendeva con curiosità e trepidazione l'evolversi della situazione.

Le scuderie erano stranamente affollate, quella mattina; ma per non disturbare il nostro lavoro gli amici si limitavano a sbirciare da lontano con rapide e furtive occhiate.

Quando il mio piccolo baio ebbe sfogato le energie in eccesso e iniziò a muoversi con andatura fluida e regolare decisi che il grande momento era arrivato.

L'idea di montare il mio cavallino per la prima volta mi procurava un misto di tensione ed eccitazione impedendomi di compiere le usuali operazioni con la consueta scioltezza.

Shahzada si accorse subito che qualcosa non andava: la sua estrema sensibilità gli permise di captare, attraverso i miei movimenti impercettibilmente più bruschi, la tensione che sentivo e di esserne, suo malgrado contagiato.

Bastò infatti che, cn movimento studiato, abbassassi le staffe per metterlo sul chi va là.

Teso e rigido, ma immobile, attese la mossa successiva, improvvisamente consapevole che il lavoro non era terminato.

Nemmeno io sapevo esattamente a cosa sarei andata incontro: avevo acquistato quello splendido esemplare sena averlo mai montato prima, esclusivamente dietro la spinta del cuore.

Con la cautela che si utilizza solitamente con i puledri infilai un piede nella staffa, attenta anche alla più piccola reazione del mio amico che, invece nonostante lo sguardo incerto, rimaneva solidamente piantato sulle quattro gambe.

Prima che Shahzada potesse capire cosa stava accadendo, con una spinta rapidissima ero già agilmente scivolata in sella.

La reazione fu fulminea.

Come impazzito, il mio cavallo prese a galoppare a tutta velocità all'interno del rettangolo, come per sfuggire ad una situazione fin troppo conosciuta, che lo indispettiva e lo spaventava.

I fantasmi del passato erano di nuovo lì, più presenti che mai e si frapponevano tra me e il mio cavallo.

D'istinto tentai di rallentare la sua folle corsa con una trazione decisa sulle redini ma Shahzada, terrorizzato dall'improvviso contatto della mia mano con la sua bocca, alzò la testa fin quasi in verticale, sfuggendo totalmente al mio controllo.

Mi pentii immediatamente di non aver voluto utilizzare i tiranti, come invece Luigia mi aveva consigliato. Li avevo evitati perché pensavo che al mio piccolo baio avrebbero ricordato situazioni che invece desideravo che superasse. Ma ora, per non aver voluto traumatizzare nuovamente il mio cavallo con uno strumento che in passato gli aveva creato problemi rischiavo la mia – e la sua – incolumità.

Con la testa in quella posizione Shahzada non era assolutamente in grado di vedere dove andava e per un attimo temetti che saremmo andati a sbattere a tutta velocità contro il solido steccato che delimitava il campo.

Non potevo far altro che stringere le gambe intorno al mio cavallo per cercare di rimanere incollata a lui, ma la seppur lieve pressione contro il suo torace accelerò ulteriormente la sua corsa.

Mollai immediatamente la presa, staccando completamente la gamba da lui. Per la prima volta in vita mia ero completamente in balia della mia cavalcatura, impossibilitata ad agire ed obbligata a seguirne i movimenti unicamente mantenendo l'equilibrio in sella.

Sentivo, sotto di me, la spinta agile ma possente dei posteriori che aggredivano con forza il terreno.

Certo, avrei potuto provare a fermarlo con la forza, flettendolo da un lato e mettendolo in un circolo stretto, con il rischio di scatenare ulteriori e più forti difese.

Decisi così di agire il meno possibile, permettendogli di sfogare la sua agitazione con la corsa e dandogli la sensazione di poter allontanarsi da ciò che indubbiamente lo spaventava a morte.

I cavalli al pascolo erano prontamente stati contagiati dall'agitazione di colui che consideravano il loro indiscusso capo e, pronti a loro volta a fuggire da un inesistente pericolo, avevano preso a galoppare confusamente in tutte le direzioni, aumentando ancor più l'agitazione di Shahzada.

Tutto si svolgeva con una rapidità tale che faticavo a comprendere ciò che accadeva intorno a me. Sentii soltanto in lontananza la voce stridula di Luigia che, preoccupata gridava in direzione dei miei amici fermi davanti alle scuderie:

"Fermate quel cavallo! Fermatelo o si ammazzano!"

Nessuno però osava avvicinarsi a quel diavolo scatenato, tanto più che Shahzada, ormai consapevole di non potersi liberare di me con la fuga cambiò improvvisamente strategia e passò all'attacco.

La folle corsa si bloccò e, al pari di un Mustang selvaggio costretto in un'arena, il mio cavallo infilò, una dopo l'altra, una lunga serie di impennate alternate a potenti sgroppate che misero a dura prova il mio equilibrio in sella.

Pur di liberarsi del mio peso sulla schiena, il piccolo baio si lanciò, con un'agilità sorprendente, in una serie di contorsionismi e acrobazie con lo scopo di sgusciarmi tra le gambe.

Tutto accadeva così velocemente da impedirmi quasi di connettere; tutti i miei sensi erano concentrati su di lui, pronti a captare un qualsiasi segnale che potesse svelarmi la mossa successiva. I miei muscoli erano tesi nel tentativo sempre più difficile di rimanere in sella, e sentivo che, se non fossi in qualche modo riuscita a fermare il mio cavallo, avrei finito con il ritrovarmi per terra.

E se questo fosse successo Shahzada, ne ero certa, non si sarebbe mai più lasciato cavalcare da nessuno.

Non so quanto tempo passò; forse furono soltanto brevi attimi, m dopo una lotta che a me era sembrata interminabile il mio cavallo si bloccò in un angolo del rettangolo, con la testa vicina allo steccato in una posizione in cui, fortunatamente, non riuscì più a sottrarsi alla mia influenza.

Il cuore mi martellava in peto e le gambe erano molli e il mio respiro affannoso inseguiva, in una ritmica danza l'ansimare del mio cavallo che, sotto di me, era teso come una corda di violino e grondava sudore da tutti i pori.

"Braaaavo, braaavo" mormorai con l'ultimo filo di voce che mi era rimasto, accarezzando lentamente Shahzada alla base del collo, con le redini saldamente impugnate nell'altra mano.

Non riuscivo ad avercela con lui per la sfuriata di poco prima, i suoi occhi impauriti suscitavano in me soltanto una gran pena. "Lo so che non sei cattivo" continuai, ben consapevole che il mio piccolo amico riusciva soltanto a percepire il tono calmo e rassicurante della mia voce.

Staccai completamente le gambe dal suo costato, cercando di rimanere il più possibile immobile in sella.

Il mio "piccolo principe" accennò un passo indietro per uscire dall'angolo in cui si era infilato. Lo assecondai, invitandolo subito dopo ad avanzare e pronta a ricominciare a battermi con lui.

Un passo, due, tre. Con calma, lentamente, quasi incerto sulle zampe e in attesa di una mia mossa. Sentivo che, sotto di me, aspettava una mia mossa, pronto a riprendere la fuga.

"Piaaaaano, piaaaaano! Lo rassicurai dolcemente, continuando ad accarezzarlo e, passo dopo passo, lo sentii rilassarsi.

L'attacco di panico era superato e la battaglia terminata e ora Shahzada tollerava il mio peso sulla schiena.

Avevo vinto: ero riuscita a rimanere in sella senza utilizzare modi bruschi, senza contrastare le sue bizze, semplicemente seguendo la corrente senza interferire, senza creare al mio cavallo ulteriori traumi e paure.

Avevo vinto anche per lui e non contro di lui.

Perché potesse capire che avere qualcuno sulla schiena non sempre equivale a provare disagio, perché potesse imparare a fidarsi di me anche nelle situazioni che gli provocavano ansia e tensione, perché potesse imparare nuovamente a vivere e a lavorare in accordo con l'Essere Umano, perché potesse nuovamente dare il meglio di sé.

Quel "meglio" che io, nascosto da qualche parte dietro la ruvida corazza, sapevo esserci.

* * * * *

Accidenti!Proprio quando cominciavo a pensare di potermi fidare di lei, proprio quando avevo capito che non voleva farmi del male lei ha pensato bene di rovinare tutto!

Ho capito cosa aveva in mente non appena mi ha appoggiato la sella sulla schiena, ma i suoi gesti lenti, misurati e la sua calma mi hanno rassicurato.

Alla testiera ho detto subito un secco "No!".

Il rumore del metallo del filetto ha immediatamente risvegliato in me il ricordo del dolore lancinante provato in bocca. Ho stretto i denti con forza. Le sue parole rassicuranti, il tono dolce e quell'enorme carota, che mi offriva insieme al filetto, la sua pazienza e la sua insistenza mi hanno però convinto.

Sapevo che non avrebbe desistito dai suoi propositi, tanto valeva accontentarla.

In fondo, sapevo che non avevo nulla da temere, ma una parte di me rivedeva vecchie immagini di dolore.

Ho cercato di accontentarla, di fidarmi di lei.. ma quando è montata in sella qualcosa mi è scattato dentro.

La paura è stata più forte... il mio passato, il mio vissuto sono improvvisamente tornati a galla e la rabbia è esplosa, sorda, violenta. Scendi! Adesso!

Non ho capito più niente, sono andato in confusione al punto di non sapere se sulla mia schiena ci fosse lei o la mia precedente proprietaria.

Ho fatto di tutto per liberarmi di quel peso, certo che soltanto così avrei contemporaneamente potuto liberarmi anche della paura.

Sono fuggito a gambe levate, mi sono contorto all'inverosimile, ho messo in atto tutte le strategie di cui sono capace: niente, lei era sempre lì, incollata a me.

Non si comportava però nel modo che avevo immaginato: sentivo, sì, la pressione delle sue cosce contro la sella, ma era una pressione delicata, che riuscivo a sopportare.

Non mi ha strattonato né tirato in bocca. Agile e morbida, ha seguito tutti i miei movimenti, senza mai cadere pesantemente in sella.

Mi ha lasciato fare e alla prima occasione mi ha bloccato in un angolo.

Costretto all'immobilità attendevo rassegnato la punizione che, ero certo, sarebbe arrivata.

Ricevetti solo inaspettate carezze, e questo mi destabilizzò ancor di più. Che avesse capito che non volevo farle del male, ma che stavo solo cercando di preservare me stesso?

Provavo un certo fastidio nel sentirla sopra di me; limitava un po' i miei movimenti ma non mi imponeva nulla.

Portare il suo peso era tutto sommato qualcosa che avrei potuto accettare, a patto di non essere iù maltrattato.

Dovevo fare un piccolo sforzo anch'io, d'altronde lei di sforzi per capirmi ed accettarmi per quello che sono ne faceva quotidianamente.

Le avrei dato il beneficio del dubbio, in fondo quella ragazza mi piaceva, anche se mi scocciava ammetterlo.

Ma guai a lei se avesse osato abusare della fiducia che, piano piano, giorno dopo giorno le stavo offrendo.

Non esiste una così intima segretezza
come tra cavaliere e cavallo
(R. Smith-Surtees)

5.

Dopo quella prima, faticosa e poco edificante esperienza in sella al mio piccolo kamikaze decisi che, per avere un minimo di controllo su Shahzada e salvaguardare la mia e la sua incolumità avrei obbligatoriamente dovuto farmi aiutare da mezzi contenitivi, almeno per un certo periodo.
Esclusi immediatamente l'utilizzo di un morso più severo. La bocca del mio cavallo era morbida ed estremamente sensibile e un filetto più incisivo non avrebbe fatto altro che procurargli fastidio e riaccendere il ricordo di passate lacerazioni.
Accantonai anche i morbidi tiranti in gomma, troppo simili nell'azione a quelli rigidi in cuoio che avevano provocato la sua caduta nel fiume.
Dopo attenta valutazione optai per un Gogue, un attrezzo che si fissa al sottopancia, passa sul petto del cavallo e, biforcandosi, viene fissato da entrambi i lati della testa sulla nuca, esattamente dove passa la testiera, per poi collegarsi agli anelli del filetto ed essere agganciati ad un anello, all'altezza del petto del cavallo. La sua azione è delicata e avviene dietro la nuca ancor prima che sul filetto e invita il cavallo a portare la testa verso il basso lasciandogli la libertà di portarla in avanti, distendendosi e sollevando la schiena.
Mi guardai bene dall'utilizzare questo aiuto per costringere il mio cavallo in una posizione per lui innaturale, alla quale la sua muscolatura non era abituata; ma il semplice fatto di percepire ad ogni passo una leggera spinta verso il basso sulla nuca convinceva Shahzada a non alzare troppo la testa e garantiva a me un minimo di controllo sulle sue andature.
Il tempo avrebbe fatto il resto; la sua muscolatura si sarebbe formata nel modo corretto e avrebbe sorretto il peso del

collo nella giusta posizione rendendo confortevole per il mio cavallo appoggiarsi delicatamente alla mia mano attraverso il filetto.

Per il momento, non potevo fare molto di più: Shahzada sfuggiva sia alla gamba che alla mano, e io potevo quindi fare ben poco.

Il nostro lavoro insieme proseguì per settimane e mesi tra mille difficoltà. Il temperamento focoso di Shahzada, e le sue residue paure, che riaffioravano quando meno me lo aspettavo, mi rendevano a volte difficile persino rimanere in sella. Il solo contatto del mio polpaccio contro il suo costato era sufficiente per farlo schizzare in avanti a tutta velocità al pari di un missile lanciato verso l'ignoto e il contatto tra la mia mano e la sua bocca, seppur leggero e delicato scatenava istantaneamente ansia e nervosismo.

Shahzada accettava ormai di buon grado la mia presenza sulla sua schiena ma la comunicazione tra noi rimaneva ancora molto difficile.

Cercavo costantemente di connettermi con lui, alla ricerca di un segnale che mi svelasse il segreto per poter interagire, la chiave per instaurare con lui una buona comunicazione.

Mi tornarono sempre più spesso in mente le parole del mio anziano istruttore di un tempo assai lontano quando, giovanissima imparai il mestiere.

L'omone alto e burbero, un tempo colonnello dell'esercito, aveva l'abitudine di utilizzare il lungo frustino infilato precauzionalmente negli stivali sui cavalieri piuttosto che sui cavalli, e ad ogni errore era solito ripetere in tono di voce che non ammetteva repliche:

"Non è il cavallo a sbagliare, ma tu! Se fai un'azione giusta il tuo cavallo eseguirà correttamente ciò che gli chiedi! Se non ti obbedisce non significa che sia contro di te, ma che non ha capito perché TU non ti sei fatta capire!"

Analizzai la situazione, mi misi in questione, entrai in crisi.

Il mio cavallo non mi capiva perché io non riuscivo a spiegarmi a dovere e io non riuscivo ancora a prenderlo per il verso giusto perché, forse, malgrado i miei sforzi, ancora non lo avevo capito.

Tutto ciò che avevo appreso durante gli anni di studio non era altresì applicabile a Shahzada: il mio parlava un linguaggio diverso dai molti cavalli con cui avevo lavorato nel corso degli anni e che io ancora non conoscevo.

Credevo di averle provate tutte con lui e cominciai a chiedermi se il rapporto del mio "piccolo principe" con l'Essere Umano non fosse definitivamente e irrimediabilmente compromesso.

In qualche modo davo ancora a lui la colpa dei nostri insuccessi. Ma sbagliavo.

Scoraggiata, cominciai a valutare la possibilità di gettare la spugna, separandomi da lui.

Venne in mio soccorso Gina, un donnone alto quasi un metro e ottanta con spalle larghe come quelle di un muratore, proprietaria del giovane cavallo da salto alloggiato nel box accanto a quello di Shahzada.

"Non mollare Barbara" mi esortò con enfasi "forse sei troppo concentrata sulle difficoltà per accorgertene, ma tu e il tuo piccolo granello di pepe avete un buon feeling. Io vi osservo e lo vedo. Il tuo cavallo è buono nell'animo e cerca di accontentarti, ma ha bisogno di essere compreso... Dagli tempo, si calmerà. E vedrai che tra dieci anni potrai affidargli tranquillamente tua figlia ed essere sicura che te la riporti a casa sana e salva" conclude, con un ghigno stampato sul volto quadrato e pieno di lentiggini, invitandomi con un gesto della mano a voltarmi per osservare la scena che lei, già da qualche minuto contemplava divertita.

Mi girai nella direzione indicata e non potei trattenere un sorriso.

Solo qualche metro più in là, esattamente nel punto in cui avevo legato il mio piccolo baio prima della pulizia, si stava consumando una scena raccapricciante e nello stesso tempo commovente: la mia piccola Chiara, approfittando del mio breve momento di distrazione aveva silenziosamente "gattonato" fino a trovarsi sotto la pancia del mio cavallo e, saldamente attaccata al suo anteriore destro, per la prima volta si era messa in posizione eretta.

Shahzada, considerato dai più un soggetto pericoloso e inaffidabile, se ne stava lì, assolutamente immobile e per nulla turbato, con il muso incuriosito rivolto verso quell'esserino che disperatamente cercava di mantenersi in equilibrio aggrappato alla sua gamba.

Annusò e sfiorò la mia bambina con una delicatezza insospettata che mi strinse il cuore in una morsa.

Nemmeno la mosca che dispettosamente svolazzava da una zampa all'altra riuscì a smuoverlo; come se fosse cosciente della vulnerabilità di Chiara, Shahzada rimase immobile e paziente, con gli zoccoli piantati a terra come se fossero stati incollati lì.

Credo di essermi innamorata di lui in quell'istante preciso.

E non mi serviva altro.

Davanti ad un esserino inerme, dal quale non si sentiva minacciato, l'animo buono e fiducioso del mio cavallo era tornato a mostrarsi. Chiara era riuscita, pur non essendone consapevole, a comunicare con lui neutralizzando il suo lato ribelle e istintivo e risvegliando la parte dolce e protettiva che, nascosta, sonnecchiava in lui.

Shahzada era proprio questo: un po' zucchero, un po' peperoncino.

Fuoco o dolcezza che, a seconda delle situazioni, prendevano il sopravvento.

Ora tutto mi era più chiaro: il lavoro consisteva nel permettere ad entrambi i lati della personalità del mio cavallo di uscire allo scoperto, amalgamandoli in seguito abilmente fino ad ottenere una combinazione perfetta in cui lo zucchero avrebbe dato armonia ed equilibrio alla potente miscela esplosiva del peperoncino.

Inutile cercare di reprimere il lato rabbioso, orgoglioso e fiero del mio cavallo; sarebbe stato sufficiente accettarlo per plasmarlo e ammorbidirlo.

Se ci fossi riuscita avrei avuto il cavallo perfetto.

Finalmente certa di aver trovato l'uscita dell'intricato labirinto in cui io e Shahzada ci eravamo mossi a tentoni per lungo tempo, ricominciai a lavorare insieme a lui con rinnovato ottimismo.

Smisi di mettere in questione lui e iniziai ad analizzare me stessa.

In gergo equestre si utilizza spesso il detto "rompere per ricostruire". Era esattamente ciò che avevo iniziato a fare con le mie abitudini, le mie convinzioni, i metodi consolidati da sempre utilizzati con tutti i cavalli.

Dovevo rompere i vecchi schemi se volevo ricostruire il mio cavallo.

In realtà, senza che nemmeno me ne fossi resa conto, in maniera lenta ma costante come la goccia d'acqua fa con la roccia, Shahzada mi stava cambiando.

Io, che per carattere avevo sempre voluto tutto e subito, stavo imparando la pazienza e la perseveranza.

Io, così sicura delle mie conoscenze e delle mie capacità equestri, forte di una lunga serie di risultati positivi con ogni tipo di cavallo, mi mettevo in questione.

Io, un tempo lunatica, instabile e fortemente emotiva, stavo imparando a controllare i miei stati d'animo e ad avvicinarmi con calma e serenità al mio cavallo in qualunque circostanza.

Ero diventata più flessibile e morbida e, di conseguenza, anche il mio equilibrio in sella era migliorato.

"Ma allora" chiesi a me stessa "Chi è il maestro e chi l'allievo?"

Di colpo sapevo cosa dovevo fare.

Il nostro, mio e di Shahzada, era stato fino a quel momento un dialogo tra sordi e la colpa era unicamente mia.

Completamente presa dall'ansia di voler comunicare con il mio cavallo non avevo prestato sufficiente attenzione a ciò che lui aveva da dirmi. Per smettere di fare lunghi monologhi ed instaurare un dialogo vero con il mio piccolo baio dovevo semplicemente fermarmi ed imparare ad ascoltare.

Ci avevo messo un po', ma finalmente avevo capito.

Da quel momento in poi avrei permesso al "peperoncino" di uscire ed esprimersi senza tentare di reprimerlo o contenerlo e avrei cercato di decifrare i messaggi che Shahzada mi andava attraverso bizze e sfuriate.

Dovevo innanzitutto comprendere il mio cavallo, mostrargli che avevo capito ciò che mi stava comunicando e solo in seguito provare a farmi capire da lui utilizzando il suo – non il mio – linguaggio.

Sarei rimasta aperta, flessibile e in ascolto, pronta finalmente a costruire un rapporto di scambio tra due individui alla pari, nel quale ognuno avrebbe dato e ognuno ricevuto.

* * * * *

Qualcosa è successo. Lei è diversa.

E mi guarda con occhi diversi da quando mi ha visto con il cucciolo d'Uomo, il suo cucciolo.

Forse sono diverso anch'io. Quel minuscolo esserino indifeso aggrappato alla mia gamba mi ha smosso qualcosa dentro.

Da quell'innocuo cucciolo non dovevo difendermi, e mi sentivo al sicuro; semmai ero io a doverlo proteggere, come un capo fa con i puledri del branco.

Ha compreso che non sono cattivo, ma incattivito.

E' improvvisamente attenta ad ogni mio movimento, cerca di decifrare ogni mio messaggio, pare che di colpo comprenda e parli la mia lingua.

Sorride alle mie bizze, sembra quasi divertita.

Il raggiungimento della méta non è più la sua priorità, quel che conta è il percorso che vi ci conduce.

Mi rispetta, ma questo l'ha sempre fatto, e finalmente mi capisce, lo sento.

Voglio fare la mia parte, se lo merita.

E' giusta, protettiva, determinata e ferma. Ma amorevole, comprensiva, paziente mai cattiva. Ha tutte le caratteristiche di un capo branco, quale io sono. E come tale la rispetterò, in un rapporto alla pari, di collaborazione e amicizia.

Non mi chiederà mai più di quanto io possa offrirle e non mi farà mai del male, ora lo so.

E so che veglierà sul mio benessere fisico e sulla mia integrità psichica, rispettando la mia natura senza cercare di cambiarmi.

Mi lascerò condurre e guidare perché, finalmente, ho fiducia in lei.

Farò del mio meglio.

Il galoppo è la cura per ogni male.
(P. Disraelli)

6.

Tutto cominciò ad andare molto meglio.

Anziché cercare di contenere le ancora frequenti sfuriate del mio cavallo, provavo a capire cosa le provocasse e immediatamente correggevo il tiro.

Scatti in avanti, sgroppate improvvise e repentini cambi di direzione erano infatti il più delle volte la conseguenza di una pressione della gamba troppo decisa, di un contatto sulle redini troppo prolungato o di una richiesta impartita con un'energia maggiore di quella che Shahzada poteva sopportare.

Quando ciò avveniva, allentavo la pressione, scioglievo il contatto con la bocca e gli permettevo di portarsi in avanti con decisione, cercando di disturbarlo il meno possibile.

Smisi di cercare la perfezione e mi concentrai sulla tranquillità e sulla regolarità delle andature.

L'estrema sensibilità del mio piccolo granello di pepe mi costrinse ad utilizzare gli aiuti di gamba e mano il meno possibile.

Piano piano, pur di adattarmi a lui, cambiai il mio modo di montare. Diventai più sensibile scoprii che, meno facevo, migliori risultati ottenevo. E fu meraviglioso scoprire che era sufficiente guardare nella direzione in cui volevo andare per riuscire a percorrere un circolo perfetto, o rallentare il ritmo col quale battevo la sella per rallentare anche l'andatura del mio cavallo, o aprire leggermente le spalle stringendo contemporaneamente le natiche per ottenere un alt perfetto.

Capitava ancora abbastanza frequentemente che il mio testone mostrasse segni di insofferenza verso un determinato esercizio: in quei casi evitavo di entrare in conflitto con lui, ripartivo al trotto, percorrevo n paio di giri del rettangolo alla ricerca della calma perduta ed infine ripetevo la mia richiesta in un punto diverso del campo di lavoro.

Imparai che senza costrizione non esiste ribellione.
Imparai a chiedere "per favore".
E continuai a chiedere, garbatamente e pazientemente, ma con insistenza finché la risposta del mio cavallo fu, finalmente, un chiaro, sonoro e squillante"sì"!
Shahzada cominciò, dapprima saltuariamente, poi in maniera sempre più solida ad appoggiarsi alla mia mano, in fiduciosa attesa di essere guidato nella giusta direzione.
Sostituii il gogue, ormai inutile, con una semplice martingala, ultimo salvagente contro eventuali resistenze.
Lavorammo tanto su cerchi e volte, alla ricerca di flessibilità e morbidezza e su frequenti cambi di andatura, per consolidare regolarità e mantenere alta l'attenzione.
Stavo riuscendo nel mio intento: diventando "cavallo", imparando a pensare e agire come se fossi lui, avevo instaurato con Shahzada un rapporto alla pari basato su delicati equilibri di fermezza e dolcezza e avevo conquistato la sua fiducia e la sua collaborazione.
Ad ogni segnale di buona volontà da parte sua avevo immediatamente fatto seguire una ricompensa, ogni esercizio ben compiuto era seguito da un momento di relax ed ogni sessione di lavoro soddisfacente comportava, il giorno seguente, una unga passeggiata nel verde, attività tra le preferite del mio piccolo baio.
Shahzada, così instabile e imprevedibile nel rettangolo in sabbia era all'esterno assolutamente affidabile e serio.
Mi resi però conto che, nonostante si sforzasse di assecondarmi e compiacermi, le sue energie erano infinite e spesso faticava a trattenerle, esibendosi in sgroppate di pura gioia di vivere degne di un puledro.

Il mio "piccolo principe" aveva uno smisurato bisogno di sfogarsi e un innato istinto a galoppare a perdifiato.

Ogni volta che gli chiedevo una partenza al galoppo sentivo la sua energia crescere, percepivo i muscoli tesi e pronti a scattare, intuivo il suo desiderio di andare in avanti veloce con il vento nella criniera.

Era nato per correre, galoppare faceva parte di lui, nel DNA aveva l'orgoglio del vincitore.

Presi l'abitudine di premiarlo per la sua buona volontà durante il lavoro in piano con un momento di libertà quasi totale. Mi recai quindi nell'unico posto facilmente raggiungibile, in cui avrebbe potuto galoppare a perdifiato, assecondando la sua natura.

A mezz'ora di distanza a cavallo sorgeva infatti l'aeroporto regionale, all'epoca ben strutturato ma poco frequentato, e fiancheggiato da una strada sterrata dritta e lunga quanto l'intero perimetro aeroportuale.

Mi ci recai per la prima volta dopo diversi mesi di lavoro con Shahzada, certa ormai di avere su di lui un controllo sufficiente a rendere la corsa sicura, piacevole per entrambi e priva di imprevisti.

Ignaro di ciò che stava per accadere, il piccolo baio assecondò la mia indicazione di svoltare a destra, abbandonando la strada principale, proprio nel momento in cui un grosso velivolo si apprestava al decollo.

Il rombo assordante dei motori in attesa del via libera alla partenza, il terreno sabbioso e soffice sotto gli zoccoli, le redini improvvisamente corte sul collo avvisarono il mio cavallo che qualcosa stava per accadere.

Appoggiai appena il mio polpaccio contro la sua pancia: trotto. Due, tre falcate poi, l'invito a galoppare.

L'aeroplano, ormai dietro di noi, aumentava la potenza dei motori; folate di aria calda e odore di cherosene ci investivano.

Mi sollevai leggermente dalla sella, avanzai le mani per premettere a Shahzada di allungare l'incollatura.

Comprese.
Il galoppo fino a quel momento cadenzato e regolare divenne via via più frenetico.
"Vai, vai" sussurrai.
Non se lo fece ripetere due volte: come un missile lanciato a tutta velocità il piccolo baio sfrecciò a tutta velocità lungo la stradina, il collo proteso in avanti e i piccoli zoccoli che aggredivano il terreno con ampie falcate, lasciando dietro di sé una nuvola di polvere.
Il rumore dei motori era ora più vicino, il pesante aereo si era mosso e procedeva dietro di noi in una sorta di rincorsa.
"Corri Shahzada, corri!" esortai.
L'orecchio sinistro girato indietro, captò il suggerimento, a lungo atteso.
L'andatura accelerò ancora, la potenza aumentò.
Potevo percepire, sotto di me, i posteriori del mio cavallo che arrivavano fin sotto la pancia, per poi spingere con decisione all'indietro. Appiattito e allungato parallelamente al suolo il mio cavallo diventava energia pura, il rumore degli zoccoli segnava il ritmo, l'aria strappava righe di lacrime dai miei occhi semichiusi ed il suo respiro, profondo e cadenzato, si mischiava al mio, affannoso e rapido.
L'aereo ci aveva raggiunti e affiancati ed ora accelerava, pronto a staccarsi dal suolo.
Un breve sguardo al suo antagonista di metallo e Shahzada accelerò il ritmo, in una sorta di gara.
I movimenti si susseguirono rapidissimi dandomi la sensazione che, al pari dell'aeromobile anche il mio cavallo stesse perdendo contatto con il terreno, librandosi in volo.
Ma eravamo quasi giunti al termine della strada e fui costretta a riprendere il controllo, a rallentare a fermarmi.

Alzai gli occhi al cielo: uno a zero per l'aeroplano, che aveva ormai superato l'alta recinzione che delimitava l'area aeroportuale.

Shahzada, visibilmente appagato, ripercorreva a ritroso il viottolo fiero, quasi esultante, visibilmente felice per quel momento di libertà.

Io mi sentivo bene, in pace con me stessa e con il mio cavallo.

Durante i difficili mesi di lavoro insieme non l'avevo né domato, né piegato: mi ero limitata a plasmare, dopo averla accettata, la sua natura permettendo a lui di plasmare e modellare me, rendendomi una persona e un'amazzone migliore.

E l' essere riuscita a mettermi in questione, modificando convinzioni radicate, mi aveva permesso di rendere migliore anche il mio cavallo.

Lavorare con Shahzada diventò l'esperienza più esaltante e gratificante della mia carriera equestre.

Cavalcarlo significava entrare in sintonia totale con lui per diventare un tutt'uno, fondermi ai suoi movimenti, mescolarmi alla sua essenza fiera e maestosa, sentire la sua energia per farne parte e assecondarla.

Come se, per un momento, io stessa diventassi cavallo e galoppassi attraverso le sue sottili zampe, annusassi l'aria attraverso le sue narici e ascoltassi il fruscio delle foglie al vento attraverso le sue mobilissime orecchie.

Alternare frequenti momenti di svago al lavoro in rettangolo contribuì a migliorarci ulteriormente.

Durante le nostre folli corse Shahzada sfogava la sua vitalità e nutriva il suo spirito ed entrambi ci divertivamo un sacco, e, il giorno successivo lavoravamo con serietà, disciplina e impegno.

Le nostre riprese di dressage divennero una danza fluida e armoniosa.

Rotondo intorno alla mia gamba e morbido sulla mano Shahzada eseguiva volte, piroette e cambi di galoppo come mosso da volontà propria.

In una comunicazione continua, invisibile all'esterno, sciolto e finalmente rilassato, il mio cavallo imparò ad eseguire anche le figure più complicate, lasciandosi guidare e mostrando di gradire le novità che periodicamente inserivo nel lavoro quotidiano.

Gli stessi zoccoli che all'aeroporto aggredivano con forza il terreno si muovevano nel rettangolo in sabbia aggraziati e delicati come il battito d'ala di una farfalla.

Ero soddisfatta: il lavoro fatto fino a quel momento e i risultati ottenuti mi appagavano più di quanto mi avevano mai appagata i risultati ottenuti in competizioni di livello medio-alto precedentemente ottenuti con ottimi cavalli.

Il nostro successo era il risultato di tanto lavoro, di una sintonia conquistata un passo alla volta e di una fiducia reciproca costruita un giorno dopo l'altro.

La voglia di andare oltre, e di scoprire quanto altro il mio cavallo fosse in grado di fare, rimaneva: finché Shahzada avrebbe mostrato desiderio di apprendere avrei continuato a insegnare.

Cominciammo quindi a cimentarci con il salto ostacoli, scatenando immancabilmente l'ilarità dei presenti.

A undici anni suonati il mio piccolo aio non aveva mai affrontato un ostacolo e l'occasione giusta per iniziare si presentò quando Luigia decise di organizzare un corso per principianti, al quale fui ben lieta di partecipare.

La presenza di altri cavalli in campo complicò non poco il lavoro; Shahzada viveva infatti come una competizione la semplice presenza in campo degli altri cavalli e spesso dava in escandescenze nel tentativo, sempre riuscito, di attirare l'attenzione su di sé

Quanto agli ostacoli, con mia gran sorpresa, il piccolo arabo dimostrò da subito di gradirli e la difficoltà maggiore consisteva nel convincerlo ad avvicinarsi a pilieri e barriere con calma e senza frenesia.

Mai avevo visto un cavallo privo di esperienza saltare in quel modo: normalmente i puledri si avvicinano alla novità con rispetto ed incertezza, .bisognosi di essere assistiti dal cavaliere in tutte le fasi dell'avvicinamento.

Shahzada no; lui gli ostacoli li aggrediva, buttava il cuore dall'altra parte e poi volava a riprenderselo.

Alle nostre prime esperienze in campo con gli altri cavalli eravamo quasi comici: io visibilmente a disagio con il cap che raramente indossavo, lui, non abituato a paracolpi e paraglomi che camminava come una papera, alzando esageratamente i piedi ad ogni passo...

I nostri percorsi, poi, facevano il pienone di pubblico, che accorreva numeroso per farsi due risate: il mio piccolo baio si presentava all'ingresso del campo con il naso all'insù e la coda arrotolata sulla schiena sbuffando come una locomotiva. Partiva poi a razzo non appena gli era consentito e puntava ogni singolo ostacolo come se avesse dovuto aggredirlo, alzando i piedi molto più del necessario per superarlo.

Tra un ostacolo e l'altro, frequenti sgroppate testimoniavano la sua energia e il desiderio che io gli concedessi maggiore spazio, mentre con l'occhio vigile e le orecchie attente cercava il prossimo ostacolo.

A fine percorso era un'ardua impresa convincerlo a rallentare e spesso eseguivamo ancora un paio di giri completi del campo a tutta velocità.

Shahzada amava saltare: ormai lo conoscevo bene e sapevo che era contento di quel nuovo gioco che gli permetteva di galoppare a ritmo meno controllato rispetto a quando lavoravamo in piano.

Le potenzialità, seppur relative, c'erano e potevano essere sviluppate con la pratica costante.

La sintonia e la complicità si erano sviluppate tra noi a tal punto che non fu difficile acquisire pratica e mestiere anche sugli ostacoli in breve tempo.

Non mi serviva una conferma dei progressi fatti in oltre un anno e mezzo di lavoro; era evidente a tutti che Shahzada non fosse più il cavallo ribelle e pericoloso che avevo acquistato; era disponibile e collaborativo come non mai e ritenni che fosse giunto il momento di verificare la solidità del lavoro svolto, chiedendo al mio cavallo di confermare i buoni risultati raggiunti a "casa" anche in un ambiente sconosciuto.

L'occasione per metterci alla prova si presentò qualche mese dopo, in occasione della programmazione annuale di uno dei pochi Concorsi Completi di equitazione organizzati nella regione.

Decisi di iscrivere il mio piccolo arabo.

Tre le giornate in programma: dressage, cross country e salto ostacoli.

Già leggendo il programma contenente i nomi degli iscritti iniziai a sentirmi a disagio, estranea a quel mondo che un tempo mi era così caro. Tra i blasonati nomi di cavalli e cavalieri, l'unico che saltava agli occhi, perché denotava origini diverse, era quello del mio cavallo, unico arabo tra i tanti "completisti" di nobili origini.

Eppure eravamo in grado di non sfigurare e di portare a termine con dignità i vari percorsi, ne ero certa.

Alcuni amici, divertiti, mi guardavano letteralmente dall'alto in basso, perché i loro cavalli erano praticamente il doppio del mio.

Eravamo diversi in tutto, noi e loro.

Loro erano lì per vincere, noi per puro divertimento; loro, infiocchettati in regolari e perfette trecce, noi con la lunga criniera lasciata libera di svolazzare al vento; loro alti, robusti e possenti, noi piccoli e agili ma con grinta da vendere.

In tanti conoscevano però la nostra storia e facevano il tifo per noi. Alcuni sorridevano, e consideravano, come io stessa in passato avevo fatto, i cavalli arabi solo "mezzi cavalli".

Ero certa che avrebbero cambiato idea dopo aver visto il mio piccolo, ma grande cavallo all'opera.

Lucida come mai ero stata entrando in campo per una competizione, passai una mano nella soffice criniera del mio cavallo e mi avvicinai all'entrata.

Toccava a noi.

Il mio "zucchero e peperoncino" riuscì a stupire perfino me: attento si lasciò guidare docilmente durante tutta la ripresa di dressage ed eseguì con una precisione estrema tutte le figure richieste. Come se avesse intuito che si trattava di una prova importante, evitò perfino la solita sgroppata di gioia quando gli chiesi la prima partenza al galoppo, per poi lasciare uscire tutta l'energia trattenuta in un meraviglioso trotto allungato, esercizio che amava particolarmente.

Mostrò a tutti la sua allegria durante il percorso di salto ostacoli del secondo giorno con una serie di sgroppate al suono della campana e tra un ostacolo e l'altro, ma terminò il suo percorso senza errori.

Diede il meglio di sé nel percorso di cross country dove, galoppando liberamente tra un ostacolo e l'altro in un terreno di campagna tirò fuori la grinta, agilità e potenza insieme ad una buona dose di generosità.

Ovviamente non ci piazzammo ai vertici della classifica, ma tornammo a casa festeggiati come eroi.

Ero molto, molto soddisfatta e felice.

Avevamo dimostrato che anche un cavallo di piccola taglia appartenente ad una razza non propriamente adatta alle discipline olimpiche può ottenere buoni risultati, a patto di possedere un buon addestramento di base e di avere un'ottima sintonia con il suo cavaliere.

Io la mia vittoria l'avevo già avuta: la magnifica sintonia, la complicità estrema e la fiducia reciproca e incondizionata che si erano instaurate tra noi.

E, orgogliosa, mi presi il merito di aver creduto in un cavallo "da buttare" e di averlo trasformato, con amore e nel rispetto della sua indole, nel più completo dei cavalli: il cavallo da concorso completo!

In realtà il lavoro lo avevamo eseguito insieme, io e Shahzada.

* * * * *

Qualcosa è successo al mio spirito.
Non sento più l'esigenza di combattere, non esiste più nessun nemico da sconfiggere.
La mia rabbia è diminuita giorno dopo giorno, fino a svanire completamente, portando con sé anche la paura che mi attanagliava.

Al suo posto, benessere e piacere.
Chi l'avrebbe detto che avrei un giorno amato essere cavalcato, che mi sarei divertito ad eseguire volte e piroette, che avrei adorato saltare grossi ostacoli...
Siamo una squadra il mio cavaliere ed io.
Ci conosciamo così profondamente e intimamente da poter quasi comunicare con il pensiero.
Il suo modo di montare è cambiato; le indicazioni che mi da sono appena percettibili, perfette per la mia sensibilità. Con uno spostamento minimo in sella riesce a farmi capire dove dobbiamo andare e con la sua mano morbida comunica con la mia bocca attraverso movimenti millimetrici.

Il lavoro nel rettangolo è divertente: la mia amica intercala gli esercizi che richiedono riunione, e che ancora mi creano qualche difficoltà, con altri, che preferisco e mi premia spesso con un galoppo sostenuto che mi permette di avanzare e di scaricare le energie trattenute.

Mi regala lunghe corse in posti che da solo non potrei raggiungere, mi offre momenti di libertà che ora sono felice di poter condividere con lei.

Mi permette di gareggiare con gli aeroplani.

Si diverte alle mie sgroppate.

Farei di tutto per una sua carezza: voglio che sia fiera di me, voglio restituirle ciò che mi da.

Mi permette di essere me stesso, e di esprimere la mia personalità, anche se questo, a volte avviene in maniera un po' troppo vivace.

Ha reso la mia vita nuovamente bella, piacevole e degna di essere vissuta.

Ed io mi sento bene, in pace con me stesso, con il mondo e con la vita.

Niente piede, niente cavallo.
(Massima inglese)

7.

Partecipammo ai concorsi ancora per diversi anni, ma senza alcuno spirito di competizione.

L'agonismo era semplicemente un'occasione per uscire dal solito ambiente, vedere facce nuove, percepire l'atmosfera magica che si respira nei concorsi ippici.

Questi diversivi, che proponevo al mio cavallo al massimo due o tre volte ne corso di una stagione erano per lui fonte di grande divertimento e per me l'occasione di verificare i progressi ottenuti con il lavoro quotidiano.

La vittoria più grande era Shahzada,che da cavallo ribelle si era trasformato, giorno dopo giorno nel più fedele degli alleati; la medaglia più preziosa era il rapporto di fiducia e di complicità che eravamo riusciti a creare.

Avevamo superato insieme ostacoli ben più alti di quelli che regolarmente saltavamo in concorso e affrontato percorsi ben più impegnativi di quelli in cui una giuria ci giudicava.

Avevamo già vinto la nostra sfida più grande, e il premio più ambito galoppava tra le mie gambe, con la criniera al vento, in pace con me, con se stesso e con il mondo.

In una sola cosa avevamo fallito: il rapporto che il mio cavallo aveva con l'acqua dopo le passate esperienze sembrava essere irrimediabilmente compromesso.

Nonostante i miei numerosi tentativi e la sua buona volontà non era mai stato possibile convincerlo a mettere i piedi in una pozzanghera o in un torrente; era più forte di lui.

Ma in fondo non mi importava granché; si trattava soltanto di una piccola sbavatura in un quadro d'insieme piuttosto ben riuscito.

Shahzada continuava ad essere un cavallo estremamente impegnativo ed ogni sessione di lavoro si trasformava in una verifica di ciò che ritenevo ormai acquisito, ma agli occhi degli spettatori tutto ciò avveniva senza sforzo, con naturalezza ed in totale armonia.

Cavalcarlo diventava ogni giorno più facile e più piacevole malgrado il temperamento sanguigno; le bizze e le sgroppate che un tempo cercavo di limitare erano diventate fonte di divertimento per entrambi, al punto che, se per una volta il mio cavallo rimaneva agli ordini, cominciavo a chiedermi se stese poco bene.

Shahzada era così: allegro, vivace, provocatore, partecipe, vivo.

Ma era anche, attento, rispettoso, cooperativo.

Era il mio zucchero e peperoncino e mai e poi mai lo avrei desiderato diverso.

Lui si sentì finalmente compreso e accettato e mi regalò tutto se stesso, incondizionatamente.

Il suo lato migliore e il peggiore si amalgamarono armoniosamente dando vita ad un mix esplosivo per me irresistibile.

Mi accordò la sua fiducia e io custodii gelosamente e con cura un così grande dono.

Eravamo ormai un tutt'uno: due spiriti che si erano trovati, che galoppavano con le stese gambe, che osservavano il mondo con gli stesi grandi occhi umidi, che ascoltavano il fruscio del vento attraverso le piccole orecchie con la stessa ansia di vivere a tutta velocità.

Eravamo coppia, binomio, in un rapporto costruito giorno dopo giorno che ormai niente più avrebbe potuto rovinare.

Non si poteva dire lo stesso per il mio matrimonio, che si era sgretolato giorno dopo giorno per mancanza di cura, impegno, complicità e fiducia, obbligandomi a prendere una decisione difficile e definitiva.

Ero ad un bivio, ad una svolta che avrebbe cambiato l'esistenza mia e dei miei figli.

Decisi di cogliere l'opportunità che mi si presentava e svoltai, cambiai per davvero.

In un tardo pomeriggio di fine primavera, con i bambini sistemati comodamente sul sedile posteriore dell'auto insieme al cane, partii per il futuro.
Viaggiammo tutta la notte, con il trailer nel quale pazientemente Shahzada sostava al seguito, verso una nuova terra, una nuova casa e una nuova vita; quella che da sempre avevo desiderato per loro, per me e per lui.
A più di mille chilometri dal punto di partenza, dove la terra è piatta e l'occhio spazia verso l'orizzonte, dove gli ulivi costeggiano strade dritte e lunghissime e l'odore del mare riempie le narici, in una minuscola ma accogliente casa in campagna scrissi un nuovo capitolo della mia esistenza.
Potevo finalmente offrire alla mia famiglia una vita libera da stress, a contatto con la natura, a misura d'uomo e di "cavallo".
Shahada mostrò di gradire la nuova sistemazione: prese rapidamente possesso degli ampi spazi verdi a sua disposizione, respirò a pieni polmoni la libertà fino a rifiutare categoricamente il box a sua disposizione, assaggiò con gusto l'abbondante erba, perlustrò con la coda arrotolata sulla schiena ogni centimetro del suo nuovo territorio.
E, paradossalmente, si legò ancor più a me e ai miei figli che considerava ormai, in assenza dei suoi simili, come il suo branco.
Senza alcuna barriera se non l'alto muro di cinta che delimitava il perimetro della tenuta, il mio piccolo baio viveva ormai a stretto contatto con noi; infilava il muso attraverso la finestra della cucina in attesa di una carota, si sdraiava al sole a pochi metri da casa, si strofinava contro le mie gambe e rincorreva il cane che, per gioco, andava a pizzicargli i garretti.

E, come ogni membro di un branco, ricopriva con ogni componente il suo ruolo: alla pari con me, che ero il capo del piccolo e non convenzionale branco, protettivo con la piccola Chiara, che allontanava con leggere spinte dai pericoli e conflittuale con Manuel, il mio primogenito che, ormai alle soglie dell'adolescenza, percepiva come un potenziale rivale al quale dimostrare in ogni occasione la sua supremazia.

Non era un gioco pericoloso, il loro; Shahzada si limitava a prendersi gioco del mio fin troppo conciliante ragazzo.

Rifiutava la capezza che Manuel gli proponeva galoppando all'impazzata tutt'intorno scuotendo la testa come a dire "Non mi prendi!" e rispondeva con piccoli morsi ai suoi tentativi di accarezzarlo nelle zone più sensibili del corpo.

Giocava, semplicemente, e mostrava di divertirsi a prenderlo in giro.

Io ero felice.

Essere accolta con un sonoro nitrito di saluto ogni mattina al risveglio mi riempiva di gioia, quando, all'alba, uscivo di casa con una tazza di caffè fumante in mano, pronta a caricarmi delle energie che l'aria frizzante del mattino e il canto degli uccelli regalavano.

Quei momenti erano i migliori della giornata: la natura era ancora incontaminata in quell'insolito orario. Il sole si alzava già caldo e vigoroso all'orizzonte accendendo la vita; nessun rumore d'auto nei dintorni, nessun segno di presenza dell'Essere Umano. L'erba umida di rugiada accarezzava i miei piedi nudi e il mio cavallo veniva a darmi il buongiorno nella speranza di poter assaggiare un po' del mio caffè.

Ogni giorno, alla stessa ora, quel momento era solo nostro.

Shahzada, al pari dei cavalli selvaggi nelle immense praterie, si era abituato a vivere seguendo il ritmo delle stagioni e le variazioni del clima. Alternava la tranquillità di un soleggiato pomeriggio all'agitazione che precede un temporale estivo e sostava immobile, come rigenerato, sotto la pioggerellina autunnale tanto attesa dopo l'arsura estiva; galoppava con le narici dilatate inseguendo il vento che spesso soffiava prepotente e nelle tranquille ore del mattino si sdraiava mollemente nell'erba, permettendomi tuttavia di avvicinarmi e sdraiarmi a mia volta sopra di lui, in una massima espressione di fiducia.

Accoglievo quei momenti come un inaspettato, e forse immeritato regalo.

La vita però aveva ripreso a scorrere, tra impegni e un nuovo lavoro in un vicino centro ippico, che impegnavano gran parte della mia giornata.

"Poco male" pensai "Shahzada ha tanto spazio per muoversi e a diciott'anni suonati può tranquillamente vivere senza essere costretto a lavorare quotidianamente".

Passavo il mio tempo montando cavalli dei clienti, alcuni talentuosi; nessuno di loro però riusciva a darmi le soddisfazioni che avevo provato con il mio piccolo baio. Riuscivo a farmi comprendere anche dai soggetti più difficili ma con nessuno di loro riuscivo a raggiungere la sensazione di unità totale e comunicazione intima che avevo costruito con il mio cavallo.

Era come se, dopo aver guidato una Ferrari potentissima e sensibilissima ai comandi tutte le altre automobili, seppur sportive e di grossa cilindrata, assomigliassero a delle sgangherate Cinquecento.

Poi, l'imprevisto.

Una banale caduta da un giovane stallone, una delle tante avvenute in anni di lavoro con i cavalli, rischiò di rovinare irrimediabilmente la mia carriera equestre.

La mia schiena, già provata da tanti puledri sdomi, non resse l'impatto con il suolo provocando dolore acuto e una sensazione di intorpidimento al braccio sinistro che peggiorò nelle ore successive.

Il verdetto medico, dopo approfondite indagini, fu inequivocabile e perentorio: doppia ernia del disco con conseguente schiacciamento del nervo.

Riposo assoluto, collare ortopedico, solo in seguito riabilitazione e fisioterapia, niente più cavalli. In alternativa l'intervento chirurgico, che avevo subito rifiutato.

Furono settimane difficili.

Immobilizzata a letto, rigida e in preda ai dolori, imbottita di farmaci, mi lasciai andare allo sconforto.

Io, così libera e autonoma, dipendevo dagli altri anche per le più piccole incombenze quotidiane.

Nella mente, le parole del medico "Niente più cavalli" riecheggiavano incessantemente. Cosa avrei fatto? Quale sarebbe stato il mio futuro? L'idea di dover vivere senza più poter montare a cavallo mi mandava in crisi, impedendomi di reagire. Perché lottare? Per una vita vissuta a metà? Rinunciare a montare il mio cavallo significava perdere le ali che Shahzada mi aveva donato, accontentarmi di stargli vicino significava abbandonare per sempre la la sensazione di unità e indivisibilità che accompagnava le nostre lunghe galoppate.

Presa dallo sconforto, lo affidai alle cure di mio figlio, accontentandomi di raggiungerlo di tanto in tanto nel prato per una breve carezza che, più che confortarmi, mi faceva sprofondare ancor più nella tristezza.

Il mio cavallo era lì, accanto a me, felice di quel contatto; mi coccolava ma a me sembrava lontanissimo, come se l'impossibilità di cavalcarlo me lo avesse irrimediabilmente allontanato. Eravamo due Esseri simili e vicini, ma se non lo avessi più montato non avremmo più potuto diventare un'unica entità.

Le disgrazie, però, non arrivano mai da sole.

Una mattina di inizio autunno, quando ormai le giornate cominciavano ad accorciarsi e mentre io ancora combattevo con il mal di schiena a suon di iniezioni, Manuel arrivò trafelato fino alla mia camera da letto:

"Mamma, alzati! C'è qualcosa che non va con Shahzada" esordì mio figlio visibilmente agitato.

"In che senso?" il tono della sua voce mi aveva messa in allarme.

"L'ho trovato nel box, e tu sai che non ci entra praticamente mai" esordì il mio ragazzone cercando di trovare le parole più adatte a darmi una brutta notizia "Ho provato a farlo uscire... Fa fatica a camminare... quasi non riesce ad appoggiare i piedi per terra..."

Trovai le forze per trascinarmi dal letto al suo box.

Shahzada era l'ombra di se stesso. Orecchie e testa basse, sguardo triste, nessun nitrito gioioso ad accogliermi.

"Mangia?" chiesi.

"Sì, ma non con la solita foga" fu la risposta.

Chiesi a Manuel di prendere l'anteriore sinistro, quello che sembrava più colpito dal dolore nella speranzadi trovarvi, ispezionandolo, un sasso o qualsiasi altra cosa che, incastrata tra ferro e zoccolo, potesse procurare dolore al mio cavallo.

Niente, tutto pulito.

Cominciai a preoccuparmi seriamente.

Nel corso degli anni trascorsi insieme, Shahzada non aveva mai avuto problemi di salute, se non una piccola colica da diarrea, forse dovuta allo stress, al nostro arrivo in Puglia, dopo il viaggio di una notte in trailer. La tempra forte, resa ancor più resistente dall'esistenza "rustica" che conduceva, mi aveva portato a dimenticare che il tempo passava e che il mio compagno a quattro zampe stava invecchiando.

Avevo dato per scontato che Shahzada sarebbe vissuto a stretto contatto con me e con la mia famiglia ancora per molti anni in buona salute; vederlo in quello stato, lui, che fino al giorno prima aveva galoppato nel prato pieno di energie, mi stringeva il cuore.

Lo osservai attentamente, alla ricerca di un segnale che potesse aiutarmi a capire quale fosse il suo problema. E nonostante i sintomi classici non coincidessero, una sola parola continuava a ronzarmi, angosciante e fastidiosa, nella mente:

"Laminite.... laminite.." pensavo inorridita pur non avendone le prove e nel frattempo cercavo un appiglio qualsiasi, un'indicazione che la mia intuizione fosse sbagliata.

Non avevo dimestichezza con quella patologia, tanto temuta da proprietari e addetti alle scuderie e solo poche volte avevo avuto occasione di vedere soggetti che ne erano stati colpiti. Sapevo però che era pericolosa per la vita stessa del cavallo che ne era affetto e che i suoi devastanti effetti potevano procurarne la morte naturale entro pochi giorni oppure l'abbattimento forzato.

Decisi di chiamare immediatamente Ombretta.

Ombretta era il nostro veterinario e mi ero imbattuta in lei in occasione della piccola colica di Shahzada al nostro arrivo in quella splendida terra.

Senza nemmeno conoscermi, e pur essendo stata interpellata in un orario insolito, si era dimostrata disponibile ed era accorsa immediatamente e, dopo le cure del caso, mi aveva esortata a chiamarla in qualsiasi ora del giorno o della notte se la situazione fosse peggiorata. La passione e la dedizione che questa donna metteva nel suo lavoro mi avevano immediatamente conquistata.

A quelle latitudini era piuttosto difficile trovare un veterinario competente in caso di emergenza; i più fornivano ai clienti numeri di cellulare che al di fuori dell'orario di visita risultavano regolarmente spenti o irraggiungibili.

Sapere che in caso di necessità avrei potuto contare in qualsiasi momento sulla professionalità e sulla competenza di Ombretta mi tranquillizzarono e spesso avevo avuto nel tempo a che fare con lei e con suo marito Massimo, anche lui veterinario, per le cure di routine e per le emergenze di tutti gli animali che sempre più numerosi popolavano il mio rifugio di campagna.

"Pronto?" chiese la voce ormai familiare di Ombretta all'altro capo del telefono.
"Buongiorno Ombretta, sono Barbara" esordii.
"Bella... dimmi tutto" esortò gentilmente ma senza troppi convenevoli l'impegnata professionista.
"Il cavallo zoppica. Tanto. E vorrei che lo vedessi, anche solo per poter escludere problemi seri".
Ombretta, che mi conosceva e sapeva delle mie competenze in ambito equestre, ma che ancor meglio conosceva i cavalli intuì a cosa stavo pensando.
"Mangia?"
Confermai.
"Febbre?"
"No".
"Sto visitando una cavalla a venti chilometri da casa tua, Dammi il tempo di finire qui e al massimo tra tre quarti d'ora sono da te" mi comunicò e senza perdere ulteriore tempo riagganciò.
Nel tempo prestabilito varcò il portone d'ingresso, vestita con una tuta simile a quella indossata dai meccanici quando armeggiano con i motori delle auto, i lunghi capelli castani avvolti in una crocchia sulla nuca.
Le bastò uno sguardo ed un solo passo di Shahzada per emettere il suo triste verdetto.
"Avevi visto giusto, Barbara, questa è una botta di laminite" dichiarò raggelandomi.

Dopodiché si armò di sonda, analizzò le varie parti di entrambi gli zoccoli anteriori, prese il polso, misurò la temperatura, auscultò il cuore.

"Che cuore!" esclamò riuscendo a vedere il lato positivo anche in una situazione che io percepivo come drammatica "Il tuo cavallo ha il cuore di un puledro!" dichiarò.

La diagnosi fu comunque confermata e le prime cure somministrate per via endovenosa.

"Gli ho iniettato un antidolorifico e un antiinfiammatorio" spiegò "vedrai che tra qualche ora starà un po' meglio" proseguì intuendo la mia ansia.

Io da parte mia, assistevo alle cure e ancora non capivo esattamente cosa stesse succedendo al mio cavallo. Sapevo che la laminite è definita la "malattia del benessere", provocata spesso da un'alimentazione troppo ricca di proteine o zuccheri che l'animale non riesce più a metabolizzare, o da un malfunzionamento della ghiandola addetta alla metabolizzazione e allo smaltimento.

Ombretta mi spiegò dettagliatamente che un eccesso di proteine e zuccheri avvelena l'organismo e che i primi a patirne sono gli zoccoli, nei quali i piccoli capillari non irrorano più la struttura del piede, che a sua volta si stacca dall'osso, portando la falange a ruotare nei casi più lievi e addirittura a sprofondare, bucando la suola dello zoccolo nei casi più gravi, che purtroppo richiedono l'abbattimento del cavallo.

Mi prescrisse antiinfiammatori per bocca due volte al giorno e una dieta ferrea a base di carote con una limitata quantità di fieno, mi chiese di tenerla al corrente dell'evoluzione e promise che sarebbe tornata entro una settimana per una visita di controllo.

Se ne andò, lasciandomi rassegnata ad un verdetto che non avrei voluto e nell'incertezza di ciò che sarebbe avvenuto.

Per la prima volta prendevo in considerazione l'idea di perdere il mio cavallo, di non vederlo più al mio risveglio, di non sentire i suoi acuti e sonori richiami di saluto, di non poter più passare la mano nella sua soffice criniera. No, non ero pronta. Non potevo rinunciare a lui.

Allo stesso tempo, vederlo immobile e dolorante mi straziava il cuore: il mio "piccolo principe" era nato per correre e mai avrei voluto condannarlo ad una vita da menomato claudicante.

Mai avrei voluto costringerlo a vivere giorni, mesi o anni con il dolore fisico e psicologico che la laminite gli stava causando.

Non restava che attendere pazientemente l'evoluzione della malattia e sperare, pregare, che tutto si risolvesse nel migliore dei modi.

* * * * *

Era tutto perfetto.

La nuova casa, i seimila metri di pascolo, l'erba tenera il tiepido sole che mi accarezzava quando ero disteso a terra.

Il box sempre aperto a mia disposizione quando volevo rifugiarmici, ma senza l'obbligo di esservi rinchiuso per ore.

Avevo la libertà, cibo in abbondanza, le lunghe passeggiate con lei, il contatto con i suoi cuccioli, che erano diventati il mio branco.

Non si poteva chiedere di più. Era il giusto epilogo di una vita riuscita.

E invece, improvvisamente, questo dolore lancinante, che mi obbliga a rimanere immobile, che rende il mio respiro affannoso, che uccide il mio spirito.

Vorrei lamentarmi, gridare, urlare, chiedere aiuto: ma nessun suono esce dalla mia bocca.

Il ragazzo si è reso conto che c'è qualcosa che non va, è andato a chiamare la madre.

Mi sollevano l'anteriore sinistro, già il fatto di non doverlo poggiare a terra per un attimo mi da sollievo.

Cercano qualcosa sotto lo zoccolo; come faccio a spiegare loro che il dolore proviene dall'interno?

Arriva un'altra donna. Mi osserva, tasta la zampa, utilizza una pinza che mi fa sobbalzare dal dolore. Qualcosa mi punge sul collo e piano piano il dolore diminuisce,diventa più sopportabile.

Mi stanno curando, lo sento.

Si prendono cura di me, con amore. Mi stanno vicini, rassicurandomi con molte carezze.

Ma io mi sento così stanco...

Non si può prendere una vita
e buttarla via
solo perché ha qualche difettuccio
(Tom Smith – Seabiscuit)

8.

Passai, passammo giorni terribili.

Ormai incurante dei miei dolori cervicali mi trascinavo fino al box del mio cavallo per somministrargli i medicamenti che lui, con rassegnata sopportazione, inghiottiva.

Osservavo a lungo e con attenzione ogni suo movimento alla disperata ricerca di un segnale che mi potesse far sperare.

Logorata dall'incertezza, lacerata dai sensi di colpa, dilaniata tra ciò che la testa mi diceva e quello che il cuore mi suggeriva meditai lungamente sul da farsi, senza però giungere ad una conclusione soddisfacente.

La vita del mio cavallo era stata messa nelle mie mani sin dal giorno del suo acquisto; me ne ero presa la responsabilità, avevo promesso a Shahzada che avrei vegliato sul suo benessere fisico e psicologico.

E se, a causa delle sue condizioni di salute non fossi stata in grado di garantirglielo? Cosa avrei fatto? Quale decisione avrei preso?

Avrei accettato, pur di tenerlo al mio fianco, che vivesse un'esistenza a metà, privato per sempre di correre e galoppare a perdifiato? L'avrei obbligato, per egoismo, a convivere con il dolore cronico che a volte non risparmia nemmeno l'Essere Umano? O, in un estremo gesto di pietà, avrei rinunciato a lui, privandomi della sua insostituibile presenza pur di non farlo soffrire?

Queste e molte altre domande affollavano la mia mente mentre, assente e distratta, guardavo il mio amico a quattro zampe senza vederlo realmente.

Fu Shahzada a darmi la risposta, avvicinandosi lentamente a me fino ad appoggiare il muso contro il mio petto, delicatamente, come a volermi infondere coraggio.

Passai una mano tra le sue orecchie, arruffando lo scarno ciuffo, poi sugli occhi e sotto la gola.

Iniziò a spingermi con il muso, dapprima piano, poi con maggiore energia, come a volermi dire:

"Muoviti, dai! Svegliati! Non mi vedi? Io sono ancora qui, e sto lottando. Guardami... guardami... lotta con me!"

E, come per rendere più esplicito e convincente il messaggio, assestò il solito piccolo morso sulla mia natica già perforata da molti aghi.

Stava meglio, Shahzada, e aveva voglia di giocare con me.

Il suo spirito indebolito dal dolore dei giorni precedenti era nuovamente presente e mi sollecitava a reagire a mia volta alla sofferenza.

"Messaggio ricevuto, cavallo!" sussurrai dolcemente "Accetto la sfida: combatteremo insieme questa nuova battaglia. Te lo prometto: se tu vincerai la tua io vincerò la mia ed insieme torneremo a galoppare nei prati falciati di fresco".

Con maggiore energia e rinnovata speranza proseguii le cure al mio cavallo e iniziai la riabilitazione della mia schiena.

Volere è potere ed io, grazie agli stimoli che Shahzada mi aveva dato, fortissimamente volli.

Il nostro percorso era però in salita e disseminato di ostacoli.

Il fisico del mio piccolo baio mal sopportava le alte dosi di antiinfiammatori, che erano però indispensabili a superare la fase acuta della malattia, mentre il mio fisioterapista, a causa di una piccola malformazione congenita della mia colonna vertebrale, era impossibilitato a praticare su di me le manipolazioni classiche che avrebbero potuto far rientrare nella loro sede le vertebre spostate.

Il paramedico si limitò a cure classiche mentre per Shahzada, dopo attenta valutazione, decidemmo con

Ombretta la possibilità di proseguire la cura con terapie alternative.

Ala ricerca di una valida alternativa ai farmaci tradizionali, mi ricordai del mio vecchio veterinario, quello che aveva seguito Shahzada dal giorno in cui lo acquistai fino al nostro trasferimento.

Lo stimato professionista, dopo anni di lavoro e ricerca, si era orientato e specializzato in omeopatia, ottenendo insperati risultati e riscuotendo brillanti successi.

Ombretta, sempre aperta alle novità e desiderosa di approfondire le sue già vaste conoscenze in materia, si mise in contatto con lui, ottenendo informazioni preziose e una potente cura a base di fitofarmaci che su Shahzada si dimostrò efficace e priva di effetti collaterali.

Dopo un mese il mio cavallo stava meglio, si muoveva di più nell'ampio pascolo e mi veniva incontro quando mi avvicinavo con la ciotola piena di mele e carote, ma zoppicava ancora vistosamente quando trottava.

Ombretta era ottimista:

"Se avesse dolore non trotterebbe" mi rassicurò in più di un'occasione.

Da parte mia, avevo ancora dolori alla schiena, ma grazie alla fisioterapia il braccio stava gradualmente riacquistando sensibilità.

La sensazione era che, sia io che il mio cavallo, ci fossimo incamminati lungo la via della guarigione.

Ombretta voleva vederci più chiaro e mi propose una radiografia degli anteriori di Shahzada che, fiduciosa, accettai.

Si presentò insieme al marito, con il figlio al seguito, all'orario di pranzo, unico momento libero sacrificato per il benessere del mio cavallo. Li osservai divertita mentre scaricavano il radiografo portatile dall'auto e preparavano tutto il necessario alla visita: erano una strana coppia, ma molto ben affiatata.

Lei sottile, magra, tutta un nervo, con tracce di efelidi sulla pelle candida; lui robusto, con la pelle abbronzata dal sole e le mani che svelavano origini contadine.

Lei energica ma dolce, lui buono come il pane ma energico.

Lei, sempre aggiornata e dotata delle ultime novità che la tecnologia mette a disposizione dei professionisti, lui in grado di fare diagnosi accurate semplicemente tastando la parte malata, come se le sue mani fossero dotate di occhi.

Lei, all'apparenza esile e fragile fisicamente, si era specializzata nella cura degli animali di grossa taglia; lui, imponente, prediligeva quelli piccoli.

Si compensavano quei due, e soprattutto si completavano unendo le loro singole conoscenze in un Sapere più grande.

Non avremmo potuto essere in mani migliori, Shahzada ed io.

Il mio cavallo fu molto collaborativo; posò quasi spontaneamente gli zoccoli sulla tavoletta in legno che faceva da sostegno alla lastra e sostò immobile fino a quando la radiografia non fu eseguita.

Il tempo di rientrare in ambulatorio a sviluppare la lastra e Ombretta mi convocò per i risultati.

"Osserva qui" mi disse indicandomi con una penna stilografica un punto dell'immagine "Questa è la parete dello zoccolo. Questa invece è la falange. Vedi che non sono parallele?" Poi prese il centimetro e misurò in alto, poi in basso. "C'è una differenza di tre millimetri," mi comunicò "la falange ha subito una rotazione, ma soltanto di pochi gradi e grazie a Dio non è sprofondata verso l'interno della suola".

"Cosa significa?" chiesi, in dubbio se disperarmi o tirare un sospiro di sollievo.

"Significa che ci sono danni, ma che non sono irreparabili. Siamo stati fortunati e credo che con una buona ferratura correttiva il tuo cavallo potrà stare bene" spiegò Ombretta con un sorriso che mi rasserenò mostrandomi poi su un grosso libro le immagini di zoccoli colpiti in maniera più grave dalla laminite e invitandomi ad analizzare le differenze.

In seguito mi indicò il nominativo dell'unico maniscalco della zona a suo avviso in grado di risolvere il problema del mio cavallo ed infine lo chiamò lei stessa per chiedergli, in nome della loro amicizia, di occuparsi dei piedi di Shahzada. Gianfranco, oberato di lavoro, acconsentì di prendersi il carico di un ulteriore cavallo da seguire e dopo pochi giorni era da me.

Era un pomeriggio di inizio dicembre e un vento gelido di tramontava soffiava inclemente, trapassando i vestiti e portando il gelo fin nelle ossa.

Ombretta e Massimo, che avevano preso a cuore la malattia di Shahzada, avevano voluto essere presenti e con una tazza di caffè tra le mani cercavano di scaldarsi mentre Gianfranco osservava con attenzione le radiografie prima di scegliere la ferratura più indicata ad apportare le correzioni necessarie.

Dopo un breve consulto, lui e Ombretta decisero di utilizzare un ferro che scaricasse la punta dello zoccolo portando il peso dell'animale sui talloni. Gianfranco si mise al lavoro ma Shahzada aveva male e il maniscalco si vide costretto a rinunciare ai chiodi, che sostituì con minuscole viti che applicò con avvitatore a batteria eliminando traumi, urti dolorosi e vibrazioni non necessarie, mentre tra lo zoccolo e il ferro fu inserito un pezzo di cuoio per ammortizzare l'impatto con il suolo e proteggere la suola dai sassi.

La limatura dello zoccolo fu effettuata con una levigatrice, mentre Ombretta si raccomandava di eliminare uno spesso strato di cornea per poter così riallineare la parete dello zoccolo alla falange.

A operazione ultimata il mio "piccolo principe" si muoveva già molto meglio; sembrava avesse ancora un po' di timore nell'appoggiare i piedi al suolo ma l'andatura era decisamente più fluida e regolare sia al passo che al trotto.

La speranza si riaccese in me.

Eravamo sulla buona strada e la conferma avvenne, inattesa, la mattina di Natale.

Dopo una notte costretto in box a causa di un violento acquazzone invernale, Shahzada attendeva impaziente il mio arrivo. Non feci in tempo ad aprire completamente la porta che il mio cavallo schizzò fuori come un missile, travolgendo il secchio dell'acqua e sgroppando come da tanto tempo non aveva più fatto.

Lo guardavo con la bocca aperta, incapace per un attimo d muovermi, pensare, ridere o piangere.

La sua energia ritrovata, la sua voglia di vivere, il galoppo con il quale attraversava veloce il paddock furono il più bello, desiderato ed apprezzato regalo di quel Natale.

Shahzada era ancora con me, era nuovamente vivo.

Lo stomaco si chiuse in una morsa e le lacrime che non erano uscite nei giorni di angoscia ed incertezza uscirono copiose, in un liberatorio pianto.

"Grazie, grazie, grazie!" fu l'unica cosa che riuscii a pensare al colmo della gioia, rivolgendomi al mio cavallo, a Ombretta e Massimo, a Gianfranco, alla buona sorte e a Dio contemporaneamente.

Ombretta tornò l'ultimo giorno dell'anno per la periodica visita di controllo , prima di partire per un meritato periodo di vacanza.

"Barbara, questo è un miracolo!" esclamò quasi incredula e con gli occhi lucidi quando vide il mio cavallo trottare.

"Questo è un miracolo!" ripeté ancora più e più volte, e aggiunse "Il tuo cavallo mi ha fatto il regalo di fine anno. Ora posso partire tranquilla".

Sentivo la sua soddisfazione per un paziente sulla via della guarigione, ma anche il sollievo di chi, involontariamente, si è coinvolto emotivamente.

Compresi in quel momento che la professionalità, la dedizione e lo spirito di sacrificio che quella donna metteva nel suo lavoro erano dettati dall'amore.

Era l'amore che l'aveva portata a intraprendere studi lunghi e faticosi terminati con una laurea alla quale era stata aggiunta la lode, era l'amore a portarla ad aggiornarsi di continuo e a dotarsi delle migliori tecnologie, era l'amore a guidarla su strade sconnesse in aperta campagna in orari assurdi per una visita d'urgenza ed era sempre l'amore a farle rinunciare al riposo domenicale in compagnia della famiglia. Lo stesso amore che aveva convinto Gianfranco ad occuparsi di un cavallo bisognoso delle sue conoscenze e della sua professionalità ed era lo stesso che aveva convinto me a tentare il tutto per tutto pur di salvare il mio piccolo baio.

Tutti insieme avevamo formato una squadra affiatata al servizio del mio cavallo.

La mia tempestività nel dare l'allarme era stata provvidenziale, i veterinari avevano azzeccato la diagnosi e prescritto cure su misura per Shahzada.

Il maniscalco, con la sua manualità era riuscito a tradurre in pratica le loro indicazioni e io mi ero attenuta scrupolosamente alle istruzioni riguardanti gestione, alimentazione e somministrazione dei farmaci e Shahzada...

Shahzada aveva lottato, con la voglia di vivere che lo contraddistingueva e la tempra forte che lo ha sempre sostenuto.

Ancora non sapevo se avrei mai più potuto cavalcarlo, ma in quel momento non mi importava.

Mi bastava sapere che stesse bene, che non avesse dolori, che fosse nuovamente in grado di apprezzare le bellezze della sua vita, la libertà, l'ampio pascolo, la mia compagnia.

Mi bastava sapere che c'era, anche se non più al massimo delle sue potenzialità fisiche.

D'altronde, nemmeno io ero più fisicamente integra: i dolori alla schiena erano praticamente scomparsi e la funzionalità del braccio ripristinata, ma le mie ernie erano ancora lì e me ne ricordavo non appena sollevavo pesi o rimanevo troppo a lungo in piedi.

I controlli a Shahzada proseguirono periodicamente prima e dopo ogni ferratura per aiutare il maniscalco attraverso le radiografie a individuare altre eventuali correzioni da effettuare, per evidenziare i miglioramenti e adattare di volta in volta la terapia e l'alimentazione.

Il mio cavallo stava vivendo una seconda giovinezza: alleggerito grazie alla dieta dai chili di troppo, rinvigorito dai complessi multivitaminici che gli somministravo, finalmente libero dai dolori sgambettava nuovamente in lungo e in largo nel prato con le narici dilatate e la coda alta, fiero e maestoso.

Io, felice nel vederlo nuovamente vitale, passavo ore a osservarlo, riempiendomi gli occhi e il cuore del suo pelo lucido, dei movimenti fluidi, della criniera al vento, grata per i nitriti di saluto che mi raggiungevano ogni volta che mettevo il naso fuori casa.

Ero soddisfatta e appagata dai risultati raggiunti; avevo raggiunto il mio scopo. Il mio cavallo era salvo, tutto il resto sarebbe stato un "di più", un valore aggiunto ma non indispensabile, un ulteriore regalo.

Che puntualmente arrivò, come un miracolo, come manna dal cielo quando, titubante mi azzardai a porre ad Ombretta la fatidica domanda:

"Pensi che un giorno potrò di nuovo montarlo?" le chiesi in occasione di una sua visita, divisa tra speranza e timore, come in attesa di un verdetto definitivo.

"Il tuo cavallo è assolutamente dritto" rispose prontamente Ombretta utilizzando il gergo equestre "puoi ricominciare subito, ma ad andatura tranquilla su terreni lisci. Non più di venti, venticinque minuti a giorni alterni per cominciare, poi vedi come va. Sarà Shahzada stesso a darti le indicazioni, a farti capire come proseguire".

Quasi non ci credevo, avevo voglia di buttare le braccia intorno al collo della mia veterinaria, di gridare al mondo la mia gioia. Shahzada ce l'aveva fatta, aveva vinto la sua difficile battaglia con punteggio pieno, era guarito e pronto per tornare in attività.

Ora toccava a me.

Se ci era riuscito lui potevo farcela anch'io.

* * * * *

Ho sofferto, tanto.

Il dolore mi ha tolto energie vitali, i medicamenti mi hanno buttato a terra.

Ma non ho mai mollato.

L'amore e le attenzioni di cui sono stato colmato mi hanno dato coraggio, voglia di combattere la malattia.

No! Non sarà uno stupido zoccolo a fermarmi, a privarmi della mia meravigliosa vita.

Voglio farcela! Voglio tornare a rotolarmi nell'erba, voglio passeggiare tra gli ulivi secolari, voglio galoppare nei campi appena falciati.

Voglio vivere!

L'aria del paradiso è quella che
soffia tra le orecchie di un cavallo.
(Proverbio arabo)

9.

Era una splendida mattina di inizio primavera.
Il sole splendeva tiepido in un cielo azzurro intenso privo di nubi, l'aria era calma, gli uccelli cinguettavano tra i rami degli alberi, indaffarati nella costruzione di nuovi nidi.

Era domenica, la domenica di Pasqua.
Il giorno tanto atteso e finalmente arrivato della nostra resurrezione.
Legai Shahzada allo steccato e, con gesti ripetuti centinaia di volte in maniera quasi automatica, mi apprestai a sellarlo.
Quel giorno, di automatico non c'era nulla: ogni atto era voluto, gustato, vissuto e carico di significati.
Era la fine di un incubo durato oltre sei mesi, era un nuovo inizio... il nostro nuovo inizio.
Sottosella, sella, martingala...
Shahzada capì immediatamente e si trasformò, impettito e gonfio.
Poi, la briglia. Per la prima volta in oltre dieci ani lui, un tempo così ferito e maltrattato nella sua sensibile bocca, andò spontaneamente incontro al filetto.
Capiva, sapeva, voleva.
Strinsi delicatamente il sottopancia; un leggero morso nella natica arrivò, puntuale come un rito che da tempo immemorabile si ripeteva.
"Muoviti, cosa aspetti?" sembrava voler dire il mio piccolo principe.
Lui, teso, in attesa di un mio movimento. Io, tesa, non sapevo quale reazione aspettarmi.
"Non posso permettermi di cadere" pensai "non con la schiena in queste condizioni".

Conoscevo bene il mio cavallo, le sue bizze e le sue sgroppate; ma sapevo anche come prevenirle e contenerle.

Infilai il piede nella staffa, mi detti slancio, inforcai la sella.

E la magia si compì, puntuale: ero a casa, di nuovo, finalmente, felicemente a casa.

Con passo incerto il mio cavallo percorse l'ampio viale che conduceva verso l'uscita della tenuta dove vivevamo; doveva chiedersi cosa stesse succedendo.

Il cancello venne aperto, verso la ritrovata libertà.

Un passo, due, tre; il piccolo arabo era assolutamente regolare, i suoi muscoli si contraevano e distendevano ritmicamente sotto di me, il passo diveniva via via più sicuro e veloce.

La larga strada di campagna tagliava in due vaste terre pianeggianti, campi, uliveti, pascoli.

Come ritornata in un luogo sicuro e confortevole dopo un lungo viaggio, ascoltavo rapita il rumore veloce dei piccoli zoccoli sull'asfalto e mai musica mi era sembrata più dolce.

L'aria mite di quel giorno di festa, il tepore dei raggi del sole sulla pelle, i canti degli uccelli annunciavano il ritorno alla vita dopo un lungo, grigio inverno e mi riempivano di energia e di gioia.

In sella al mio cavallo il tempo si fermò improvvisamente. Il passato, con i suoi momenti difficili e carichi di apprensione non esisteva più, cancellato in un solo istante da quel momento magico.

Il futuro era ancora lontano, come una meta da raggiungere, sfocato e indefinito.

Esisteva soltanto il presente, la bellezza di quella breve passeggiata, la sensazione di unità ritrovata.

Dall'alto della mia cavalcatura vedevo di nuovo il mondo da una prospettiva più alta e positiva, e con ottimismo mi incamminavo, portata dal passo attivo e sicuro del mio cavallo, verso il futuro.

A quella prima seduta ne seguirono, a giorni alterni, tante altre.

Il mio cavallo ricuperava rapidamente fiato e forma fisica; molto più rapidamente di me, così rapidamente da mettermi in difficoltà.

A diciott'anni suonati il suo temperamento e la sua energia erano paragonabili a quelli di un puledro appena domato, la sua voglia di galoppare era inalterata, il suo desiderio di essere cavalcato insaziabile.

La mia schiena, invece, faticava ad adattarsi all'attività fisica, ai continui scossoni, alle sollecitazioni importanti.

Strinsi i denti, giorno dopo giorno. E senza nemmeno che me ne accorgessi, giorno dopo giorno i dolori e gli indolenzimenti diminuirono gradualmente fino a sparire del tutto.

Stavamo guarendo.

Le nostre passeggiate divennero più lunghe, i percorsi più impegnativi. Eravamo in pieno allenamento, con i miei figli che avevano preso l'abitudine di accompagnarci nelle nostre scorribande.

I contadini che nei fondi potavano gli ulivi sorridevano divertiti al nostro passaggio.

Un cavallo con la sua amazzone, un ragazzone a piedi, una bambina in bicicletta e il cane, tutti rigorosamente allineati, con Shahzada che dava in escandescenze non appena uno dei componenti del suo branco osava superarlo, anche solo di pochi centimetri.

Eravamo il suo branco; lui, membro della nostra famiglia.

Ma il mio "Zucchero e peperoncino" rimaneva pur sempre un cavallo, con un forte istinto gregario, con il bisogno di interagire con i suoi simili.

Volevo che la sua vita fosse perfetta: volevo fargli un regalo e offrirgli una compagna.

Chiara aveva cominciato a prendere lezioni di equitazione al vicino Circolo Ippico: aveva l'equitazione nel sangue e i cavalli nel cuore.

Le previsioni di Gina si erano mostrate azzeccate: avrei potuto tranquillamente affidare Chiara al mio cavallo con la certezza che me l'avrebbe riportata a casa sana e salva.

Ma ogni Essere Umano è unico e irripetibile, ogni cavallo diverso da tutti gli altri.

Colui che era perfetto per me, tagliato secondo il mio stampo, affine eppur complementare alla mia persona, non era adatto alle esigenze di mia figlia.

Mi misi quindi alla ricerca di una giovane puledra che potesse un domani diventare il cavalo ideale per Chiara, coinquilina nei nostri cuori insieme al mio "vecchietto".

La trovai velocemente, in un luogo che conoscevo bene, dove l'amore e la competenza regnano sovrani.

Per la prima volta in vita mia mi sarei relazionata con un animale privo di traumi e condizionamenti negativi, totalmente fiducioso e aperto nei confronti dell'Essere Umano. Ero pronta a rimettermi in gioco e sarebbe stato bellissimo.

Andammo a conoscerla in una soleggiata domenica di maggio.

"Oh mio Dio... un altro baio!"

* * * * *

Sono nuovamente in forma e mi sento bene.
Ho perso molti chili a causa della dieta ferrea a cui sono, e sarò costretto per tutta la vita.
Ho una linea invidiabile e, alleggerito dal peso superfluo, mi muovo con più agilità.

I miei zoccoli non mi inviano più alcun segnale e questo credo significhi che sono guarito.

Lei si sta occupando della mia pulizia con una cura maniacale, oggi.

Vedo la sella appoggiata allo steccato, ricomparsa come per incanto da non so deve dopo un lungo periodo di assenza.

Tutto mi è improvvisamente chiaro: stiamo per uscire!no così impaziente che a stento riesco ad attendere che le operazioni di bardatura si concludano.

"Muoviti con questo filetto! Non perdiamo altro tempo!"

Quasi non ci credo... mi conduce verso il cancello, verso l'uscita, verso la libertà!"

Appoggio i piedi sul terreno con circospezione... sì, mi sento bene. Possiamo andare!

Sento la sua rigidità sulla mia schiena, solo per un attimo, il tempo di riprendere contatto.

E' passato tanto tempo dall'ultima volta che mi ha cavalcato ma la sintonia tra noi è immutata, come se non ci fossimo mai lasciati, come se il tempo non fosse passato. Lei è sempre lei... e io sono sempre io.

La strada scivola veloce sotto i miei piedi, di più, sempre di più!

La sua mano è ferma, immobile, resiste; non mi lascia lo spazio che vorrei.

Scuoto la testa, spero capisca.

Mi concede un piccolo trotto, meglio di niente!

E' solo l'inizio, lo so. L'inizio di un nuovo capitolo delle nostre vite, il migliore... da scrivere insieme.

L'oro gitano non tintinna e non brilla.
Luccica al sole e nitrisce al buio.
(Massima degli zingari di Galway)

10.

E' l'alba.

E sto per fare una cosa che da tanto tempo desidero.

Il destino ci ha regalato una seconda occasione e non intendo sprecarla.

Aggancio il rimorchio all'automobile mentre Shahzada, incuriosito, osserva ogni mio movimento.

Pochi minuti dopo siamo già in marcia, mentre il paese, alle nostre spalle, è ancora addormentato.

Nessuna automobile sulla via deserta che conduce al mare, ma tra poche ore ricomincerà il solito via vai di turisti ansiosi di rosolarsi al sole.

Amo il mare, soprattutto all'alba e al tramonto, quando la spiaggia è deserta. In quei momenti la natura dà il meglio si sé, selvaggia e incontaminata, silenziosa eppur piena di vita.

Non ci sono Esseri Umani a turbare l'equilibrio perfetto della Creazione mentre io, in sella al mio cavallo, riesco a farne parte e a fondermi con lei come mai potrei camminando con le mie gambe.

Posteggio automobile e rimorchio a qualche minuto di cammino dalla lunghissima lingua di sabbia che costeggia il mare, la giusta distanza per scaldare la muscolatura prima della corsa.

In un attimo siamo pronti, e baldanzosi avanziamo incontro al sole che, portatore di nuova vita, nasce infuocato all'orizzonte, come partorito dalle limpide acque.

Una brezza tiepida e leggera ci accarezza, il naso si riempie dell'odore del mare.

Siamo sulla spiaggia.

Davanti a noi la lunga lingua di sabbia si mescola alle acque e si perde in lontananza, nascosta allo sguardo.

Shahzada spalanca gli occhi, dilata le narici, gonfia il petto; mai prima d'ora aveva visto l'infinita distesa azzurra.

Distolgo la sua attenzione piegandolo in direzione del bagnasciuga, cerco di mostrargli la via da percorrere.

Accorcio le redini, mi sollevo leggermente dalla sella appoggiando il peso del corpo sulle staffe, premo il polpaccio sul suo costato.

Un galoppo cadenzato e rotondo è la pronta risposta, ma le piccole orecchie voltate verso di me mi comunicano che Shahzada è in paziente ma bramosa attesa del seguito.

Lo accontento: gli do più spago e infine lo libero.

La lunga criniera nella quale sono comparsi alcuni fili argentei, unico segno del tempo che passa, prende a svolazzare fin quasi a sfiorarmi il viso, il ritmo accelera fino a diventare frenetico, i piccoli zoccoli ormai guariti aggrediscono la sabbia, sollevandola.

Sento il suo respiro, sotto di me, sento il suo cuore grande.

Paralleli all'acqua, baciati dal primo sole del mattino galoppiamo incontro al nostro futuro forti, sicuri, integri, uniti e sempre più veloci.

Il vento sibila nelle nostre orecchie mentre Shahzada, una falcata dopo l'altra si avvicina sempre più alla distesa azzurra fino a calpestarla, per la prima volta dall'incidente del fiume, sollevando enormi spruzzi rinfrescanti.

L'emozione mi travolge come un'onda in piena, energica, viva.

Il mio cavallo ha finalmente superato tutte le sue paure, è arrivato là dove non credevo possibile, ha infranto barriere e superato limiti. I suoi e i miei.

Abbiamo vinto le nostre impegnative sfide, superato prove, abbattuto gli ostacoli.

Ci siamo persi per ritrovarci.

Passo una mano sulla lucida incollatura del mio piccolo baio.

"Grazie" sussurro.

Il ritmo cresce, il mio corpo si lega al suo, assecondandone i movimenti, diventando parte di lui.

Ascolto il fruscìo del vento con le sue orecchie, sento la morbidezza del terreno attraverso i suoi zoccoli, i suoi muscoli contratti diventano i miei.

Mi sento libera, come non lo sono mai stata, con il cuore leggero e aperto.

Siamo guariti. Da tutti i mali.

Siamo un'altra volta terra e fuoco, siamo di nuovo luce e aria, siamo ancora vento e tempesta...

Siamo ancora noi.

APPENDICE

Shahzada mi ha lasciato alla fine dello scorso anno, all'età di 27 anni, dopo essere stato il mio compagno di vita per 20.

Ha vissuto gli ultimi anni della sua vita in ottima salute libero di girare ovunque volesse, perché la sua sete di libertà gli rendeva insopportabile essere confinato all'interno di un recinto e anche lo steccato più solido durava di solito soltanto poche ore.

E se nel fisico erano evidenti i segni dell'età che avanzava, con la lunga criniera cosparsa di fili argentei e il corpo via via più angoloso, lo spirito è rimasto quello di un puledro, fiero e indomabile, ma con la saggezza dell'esperienza e la tranquillità di chi è in pace con se stesso e con il mondo.

Ha dettato legge come un vero despota sul suo branco, che pian piano è andato ingrandendosi e anche sui miei figli, ormai adulti, che continuava a considerare come membri gerarchicamente inferiori a lui..
Ha educato con inflessibilità i miei puledri, e si è fatto rispettare anche quando crescendo, avevano una stazza quasi del doppio rispetto alla sua.
Ha fatto da ostetrico ad una delle mie fattrici, che rifiutava di partorire finché non lo abbiamo portato davanti alla porta del suo box.

E' stato per me una parte di vita, lunga e bellissima, e per i miei figli un membro della famiglia,

Se oggi sono la persona che sono lo devo anche a lui, che mi ha insegnato la pazienza, il controllo delle emozioni e che ha sviluppato la mia capacità di ascoltare e di mettermi in questione.

E' stato amico, complice, maestro e ancora oggi rimane per me fonte di ispirazione.
Irriverente, orgoglioso e pieno di sé, non è mai stato mio, ma mi ha amato tanto, lo so.

Ho tenuto fede alla mia promessa e l'ho aiutato ad andarsene, dopo aver fatto di tutto per salvarlo, quando ho capito che era giunto il momento.

Mi manca ogni singolo giorno, e credo sarà così per sempre, ma le lacrime hanno lasciato il posto ai sorrisi al ricordo dei momenti belli che abbiamo trascorso insieme.

La sua autostima già molto sviluppata in giovane età è cresciuta a dismisura con il passare degli anni, portandolo a credere che tutto gli fosse permesso e dovuto.

Quante volte lo abbiamo trovato nel locale dei mangimi, dove riusciva ad infilarsi silenziosamente sfuggendo alla nostra attenta sorveglianza rimpinzandosi di fioccato...
Quante volte ha tagliato la strada al trattore che trasportava il fieno, convinto che la precedenza fosse sua e che fosse normale per l'autista dover frenare bruscamente per lasciarlo passare...
Quante volte ha ribaltato la carriola piena di letame per il gusto di far arrabbiare Manuel...
E quante volte si è infilato nel rettangolo in sabbia dove Chiara lavorava con il suo cavallo perché era proprio lì che aveva deciso di rotolarsi...

E ancora, quante volte ha teso agguati degni di uno stalker ad anziane signore che accompagnavano i nipoti in maneggio e che sapeva essere cariche di mele e carote...

Le sue vittime preferite restavano però Manuel e Chiara. Li amava alla follia, ma non accettava da parte loro alcuna imposizione e arrivava a travolgerli se si trovavano lungo la strada che aveva deciso di percorrere.

La fiancata della mia vecchia automobile era il posto preferito contro il quale grattarsi e i balloni di fieno stoccati sotto la tettoia davanti ai box venivano periodicamente sventrati o ribaltati.

All'arrivo del veterinario dovevo chiuderlo nel suo box, perché correvamo il rischio che si infilasse nell'ampio baule dell'auto, che era sempre aperto.

Con me, invece, era diventato tutto zucchero.

Spesso si allontanava notevolmente dal perimetro delle scuderie e si dirigeva sulla collina adiacente, ma era sufficiente un mio richiamo per vederlo venire verso di me, con le piccole orecchie a forma di cuore puntate dritte in mia direzione. Capezza e corda non servivano più, era sufficiente che mi affiancassi a lui per condurlo ovunque volessi.

Aveva imparato con l'avanzare degli anni ad amare il box durante le ore notturne e i giorni di pioggia, ma ogni mattina, puntuale, usciva al gran galoppo verso la libertà.

Ha avuto una vita piena e bellissima. Ha avuto il suo riscatto.

Ho riflettuto a lungo, dopo la sua morte, sul nostro legame così stretto e allo stesso tempo senza vincoli, e sul lungo percorso che abbiamo fatto insieme creando intesa e una sorta di magica telepatia. Mi sono chiesta spesso per quale motivo fosse, tra i tanti, l'unico.

Ora ho la risposta.
Eravamo uguali, Shahzada ed io.
Liberi, indipendenti, allergici alle imposizioni, un po' scontrosi, con un cuore tenero sotto la ruvida scorza. e l'esigenza di vivere a tutta velocità. Non potevamo che trovarci.
Capire lui ha significato capire meglio anche me stessa.
Trovare un nuovo equilibrio in sella mi ha aiutato a trovare equilibrio anche nella vita.

Piccolo, grande cavallo! Niente sarà più come prima.

Il suo nome è tatuato nel cuore e porto con me ciò che mi ha insegnato; lo applico ad altri cavalli, simili a lui, mai uguali perchè lui era unico e irripetibile.

Uno dei miei puledri però gli somiglia tanto; non nel fisico che è possente anche se agile, non nel colore, che a soli tre anni si avvicina al bianco.
Il carattere però è simile: dominante, energico, fiero, ribelle., ma a tratti anche tenero e dolce. Un altro zucchero e peperoncino, che però è più zucchero e meno peperoncino rispetto a colui che l'ha preceduto.

E' quasi pronto per diventare il mio prossimo cavallo.

E io so esattamente cosa fare.

E sono felice, perché grazie a ciò che ho vissuto e imparato con Shahzada questo "Essere" ancora puro potrà essere plasmato e modellato nel totale rispetto della sua natura.

132

Senza traumi, senza forzature, senza lotte, senza inutili ferite.
Con pazienza, amore, ascolto.

Diventeremo grandi amici, lo so.

Lo sto preparando per la doma e, quando lo lavoro nel tondino ho a volte l'impressione di vedere con la coda dell'occhio una sagoma baia dalle forme familiari, che serena e in pace bruca la tenera erba dei prati circostanti.

INDICE

ALTRE PUBBLICAZIONI DELL'AUTRICE

Un puledro tutto mio – *Vademecum per l'allevatore "in erba", 2016-L'arca Communication*

Educazione e addestramento del puledro – *Dalla nascita alla doma, 2016-   L'Arca Communication*

Vecchio a chi? *Trucchi e consigli per la gestione del cavallo anziano, 2017- L'Arca Communication*

Stretching per il cavallo – *Manuale teorico-pratico, 2017- L'Arca Communication*

L'acqua che cura – *Manuale di idroterapia per il cavallo, 2017- L'Arca Communication*

www.ingramcontent.com/pod-product-compliance
Lightning Source LLC
LaVergne TN
LVHW051643080426
835511LV00016B/2471